LESEN, LACHEN, LERNEN

RENATE A. SCHULZ
University of Arkansas

ROSWITHA O. BURKEY
Grove City High School, Ohio

URSULA E. VOGEL
Pickerington High School, Ohio

MICHAEL M MORRIS
Springfield, Ohio

LESEN, LACHEN, LERNEN

A BASIC READER FOR COMMUNICATION
SECOND EDITION

HOLT, RINEHART and WINSTON

New York   Chicago   San Francisco   Philadelphia
Montreal   Toronto   London   Sydney
Tokyo   Mexico City   Rio de Janeiro   Madrid

Library of Congress Cataloging in Publication Data
Main entry under title:

Lesen, lachen, lernen: a basic reader for communication.

1. German language—Readers. I. Schulz, Renate A.
PF3117.L52 1982   438.6'421   81-13358
ISBN 0-03-060088-X   AACR2

Address correspondence to:
383 Madison Avenue
New York, N.Y., 10017

CBS COLLEGE PUBLISHING
Holt Rinehart and Winston
The Dryden Press
Saunders College Publishing

Illustration Acknowledgments

Peter Menzel: cover and title-page photos, **11, 16, 28**
(bottom), **49, 139, 151**

German Information Center: **7, 10, 12, 13, 17, 18,
28** (top), **41, 61, 70, 78, 94, 119, 129** (top), **133**
(top right), **137, 143, 149,** (top left and right),
153, 164, 168, 169, 170, 196, 197 (bottom), **198,
199, 200, 202**

Johnny Hart and Field Enterprises, Inc., **1**; Inter Nationes
e v., **8**; *Die Zeit,* Nr. 35, 29 August 1980, **26**; *Die
Zeit,* Nr. 23, 6 June 1980, **33**; Marlies Safstrom, **43,
44, 45, 46**; *A Course in Scientific German,* by Hans
Meinel, by permission of Max Hueber Verlag, Munich,
Germany, **53**; *Reisen in Deutschland* published by
Deutsche Lufthansa & Deutsche Bundesbahn, 1970,
60, 89, 171; *Der Spiegel,* Nr. 9, 23 February 1981,
67; INP-Foto/Bundesbildstelle, **69**; Copyright by Presse-
und Informationsamt der Bundesregierung, Bundesbild-
stelle, Bonn, **74, 97, 127**; IN-Bild/Felina/Puhlmann,
110, (right); Wolfgang Koschnick, **120** (top left and
bottom right); With kind permission of Humboldt-Taschen-
buchverlag, Munich, taken from ht 303, *Gutes Benehmen
—kein Problem,* **163**; INFOPLAN, Ges, Europa-Center,
Berlin, **195**; Landesbildstelle, Berlin, **197** (top)

Preface

Lesen, Lachen, Lernen is a basic reader intended for beginning students of German. It presents high-interest readings dealing with cultural information as well as stimulating activities for personal involvement, reaction, and interaction—in short, activities for communication. The reader can be utilized over several terms of study, beginning in the latter half of the first-year college course (or early in the second year of high-school study), and continuing throughout the elementary and intermediate sequence of German instruction. The book can also be used as text in lower level conversation courses.

We feel that the unique contribution of this reader lies in the learning activities provided in each chapter. There are no pattern drills or overt grammatical exercises or explanations. Many of the exercises use a particular structure that can be helpful in reviewing, summarizing, or practicing a grammatical point. But our major intent is to provide simple, interesting, and highly structured activities that will elicit personalized responses from students. The activities are flexible and can be adapted to practice all language skills. They can be utilized in varied instructional settings—for the conventional classroom, small-group instruction, individualized, or independent study. The teacher can choose whether an exercise should be done orally by an entire class, whether it lends itself for oral small-group interaction (e.g., students can take note of their fellow students' answers and reactions for a later report to the teacher or to the entire class), or for independent written work in or out of class. Some of the exercises can be omitted; some can be expanded.

The activities suggested in each chapter are highly structured. They provide many suggestions and possibilities for responses. These suggestions are not meant to limit a student. Many of the items involve value judgments and can have more than one correct answer. Those exercises are intentionally left open-ended. A question mark at the end of a column is designed to encourage the student to provide an original response.

ORGANIZATION

The 21 chapters in *Lesen, Lachen, Lernen* are independent and can be read in any order. However, we have attempted to make the first half of the book easier by limiting the glossed vocabulary and grammatical structures to those taught early in most conventional instruction. Throughout the reader all vocabulary not appearing in J. A. Pfeffer's *Grunddeutsch: Basic (Spoken) German Word List, Grundstufe* (Englewood Cliffs. N. J.: Prentice Hall, 1964) is glossed in the margin. Instructions are given in English or German, depending on their degree of difficulty, so that students will not easily become "lost" or discouraged.

Each chapter of *Lesen, Lachen, Lernen* offers one or two reading selections of cultural or human-interest content. The reading texts are often followed by Language Notes or Reading Hints to facilitate development of the reading skill and by pertinent Cultural Notes, again in German or English, depending on the level of difficulty. The remaining part of each chapter presents a variety of activities to practice communication in listening/speaking, reading/writing, or other skill combinations. The glossary at the end of the reader gives English equivalents of all German vocabulary used in the book.

PREFACE TO THE SECOND EDITION

Communication—in the fullest sense of the term—is one of the most important goals of foreign-language learning. Yet in too many foreign-language classes functional communication practice continues to be neglected. Students listen, speak, read, and write—all with little "meaning-full" use of the language.

Lesen, Lachen, Lernen: A Basic Reader for Communication has been designed to develop the ability to communicate—the ability to send or receive messages in any language skill. Students are presented with interesting reading texts, followed by learning activities that involve a functional use of German rather than pattern drills or pseudo-communicative exercises.

The second edition of *Lesen, Lachen, Lernen* retains the successful features of the first edition and incorporates improvements suggested by users of the first edition. A number of chapters are totally new, and most of the remaining reading texts and exercises have been changed to make them more diverse and attractive.

What has not changed is an emphasis upon content that appeals to today's students, a commitment to meaningful use of German, and an effort to develop cross-cultural understanding.

Introduction to the Student

As a student, you need to know the overall goals of a course or textbook, why you are asked to perform certain tasks, and what you will learn as a result. *Lesen, Lachen, Lernen* has four main goals: (1) the development of reading skill in German; (2) the development of listening, speaking, and writing skills in German; (3) the discovery of the pleasures of reading in a foreign language; and (4) the exploration of some cultural differences between life in the Bundesrepublik (and, to a limited extent, life in other German-speaking countries) and life in the United States.

Although the reading topics are varied and interesting to most people, we realize that some topics will be more attractive to you than others.

Most chapters include one or more Cultural Notes, Language Notes, or Reading Hints. The Cultural Notes provide information on cultural differences that may have been mentioned or referred to in the reading selection. The Reading Hints and Language Notes are to increase your awareness of the language and help you develop more efficient reading skills.

Many of the readings are intentionally chosen to highlight differences between cultures. We hope that you will develop insights into the ways cultures differ and a "new pair of eyes" for viewing other cultures as well as your own.

Most of the activities after the reading selection can be done in multiple ways, depending on your particular purpose and learning style. You may want to learn all the language skills (listening, speaking, reading, and writing), or you may be interested in developing only one or two of them. It is important to remember a very simple principle: you learn the skill(s) you practice or use, but no others. If you are trying to develop oral skills, you must hear and speak German. Practicing reading or writing alone is not sufficient. There is no magical transfer between skills.

All the activities involve meaningful practice. There are many opportunities for expressing your own ideas and feelings as well as for receiving the ideas of others.

THE READING PROCESS

Reading involves getting meaning from the printed word. Reading is successful when the meaning you attach to the written language reflects the meaning that the writer had in mind. Thus accuracy as well as efficiency is important in reading. Both can be achieved through a strategy called *logical contextual guessing.* Basically it involves identifying the appropriate meaning of a smaller part of the reading, like a word, by looking at a larger portion of the text.

Initially you will probably relate German words to English words. There is nothing wrong with this strategy, but the technique of translating word for word is often slow and tedious, and sometimes thoroughly misleading. To make the entire reading process more efficient and pleasant, try to use the end vocabulary as little as possible. Instead of translating, try to read a larger segment. You will know most of the words, and often the one or two that are not familiar will become meaningful as you read. If, for example, you do not know the word *Gesellschaftstänze,* the meaning becomes clearer when you read beyond the word: *In der Tanzschule lernt man nicht nur die neuesten Diskotänze, sondern auch ältere Gesellschaftstänze wie Walzer, Foxtrott, Tango und Rumba.* This is a process similar to the one we use in English. If you have never encountered the word *detergent,* you do not immediately run to the dictionary when you see it in a context like "Mrs. Jones ran to the supermarket to get a new detergent. Her old one simply wasn't getting her clothes clean." The context helps to clarify the meaning.

We recommend, therefore, that you first read the entire page to get as much meaning as you can. (Do not lose courage when you encounter unfamiliar words. Do not take time to look up words in the dictionary.) Then, read the text again, guessing at the meanings of words you do not know. Finally, read it a third time for more complete understanding, looking up the words of which you are still unsure if it will make you feel more comfortable. We think this strategy will save you time compared to the translation approach. Try it. If it is not successful for you, it can still serve as a point of departure in your search for your own best reading strategy.

Contents

LESEN, LACHEN, LERNEN

KAPITEL
EINS
Gesten° sprechen auch

gestures

B.C.

by johnny hart

Gesten sprechen auch

Alle Menschen gebrauchen Gesten. Mit diesen Gesten kann man
oft auch ohne Worte sprechen. Einige dieser Gesten sind universal.
Aber nicht alle Gesten bedeuten das Gleiche in allen Ländern.

5 Die Deutschen, wie die Amerikaner, gebrauchen auch viele
Gesten, wenn Worte allein nicht genügen.° Können Sie typische   *suffice*
Gesten verstehen? Machen Sie einen kleinen Test! Was bedeuten
die Gesten in den folgenden Bildern? Sie finden die Antworten am
Ende des Buches.

1.

a. Ich habe keine Zeit.
b. Ich weiß nicht.
c. Ich bin müde.

2.

a. Das ist gar nicht interessant.
b. Wo ist der Bahnhof?
c. Ich bin krank.

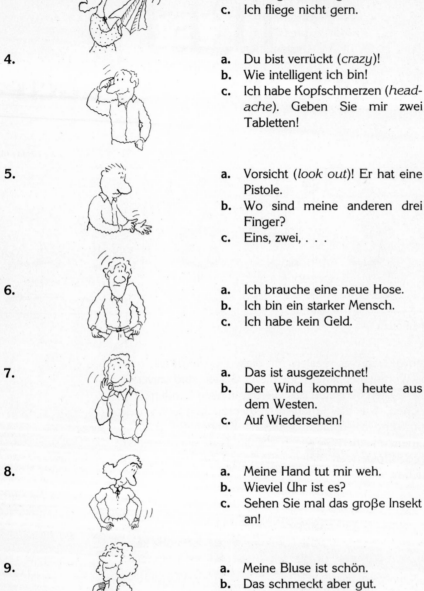

3.

a. Wo ist mein Hut?
b. Es beginnt zu regnen.
c. Ich fliege nicht gern.

4.

a. Du bist verrückt (*crazy*)!
b. Wie intelligent ich bin!
c. Ich habe Kopfschmerzen (*head-ache*). Geben Sie mir zwei Tabletten!

5.

a. Vorsicht (*look out*)! Er hat eine Pistole.
b. Wo sind meine anderen drei Finger?
c. Eins, zwei, . . .

6.

a. Ich brauche eine neue Hose.
b. Ich bin ein starker Mensch.
c. Ich habe kein Geld.

7.

a. Das ist ausgezeichnet!
b. Der Wind kommt heute aus dem Westen.
c. Auf Wiedersehen!

8.

a. Meine Hand tut mir weh.
b. Wieviel Uhr ist es?
c. Sehen Sie mal das große Insekt an!

9.

a. Meine Bluse ist schön.
b. Das schmeckt aber gut.
c. Ich habe keinen Hunger.

10.

a. Ich habe Angst.
b. Ich spiele gern Mundharmo-nika.
c. Meine Zähne fallen aus.

Resultat

9–10 Ausgezeichnet! Sie können auch ohne Worte mit anderen Leuten sprechen.

7–8 Nicht schlecht. Aber Vorsicht! Oft können Sie mit Ihren Gesten etwas Falsches ausdrücken (*express*).

0–6 Gebrauchen Sie keine Gesten! Lassen Sie Ihre Hände in den Taschen! Drücken Sie sich nur mit Worten aus, sonst versteht man Sie nicht!

Cultural Note

Gestures which appear to be similar often have different meanings from one culture to the next. The frequently observed German gesture, for instance, of tapping the forehead with the index finger to indicate that someone is regarded as "crazy" can be taken as an insult. The same gesture in an American setting can convey the opposite impression; that is, someone is quite intelligent.

Reading Hint

The art of contextual guessing is very important in developing reading comprehension in a foreign language. It is practically impossible to learn all the words of a language (even of your mother tongue); nor is it possible (or wise) to resort to a dictionary every time you come across a new word. The situational context of a passage and the redundancy of language itself will often give you helpful clues to the meaning of unfamiliar words. The more quickly you develop your abilities for contextual guessing, the better and more efficient reader you will become. The most important rule is not to stop reading when you encounter unfamiliar words. Often the remaining text will clarify the meaning of the troublesome word, or the general meaning of the text can be understood without decoding each individual word.

Activities

A Welche Gesten machen Sie?

Germans and Americans alike have a system of gestures and body language that everyone understands. Show the gestures or expressions you might use in each of the following situations.

Welche Gesten machen Sie, . . .

1. wenn Sie müde sind?
2. wenn Sie jemand(en) verrückt finden?
3. wenn Sie ein schönes Mädchen oder einen gut aussehenden jungen Mann auf der Straße sehen?
4. wenn Sie etwas teuer finden?
5. wenn Sie etwas billig finden?
6. wenn jemand zuviel spricht?
7. wenn Sie die Lösung (*solution*) eines Problems nicht wissen?
8. wenn Sie überrascht (*surprised*) sind?
9. wenn Sie böse sind?
10. wenn Sie jemand(em) „Auf Wiedersehen" sagen wollen?

Ein Brief braucht nicht viel Worte.

✉ **Post**
Schreib mal wieder

B German Survival Kit

While nonverbal language is an important aspect of communication and may be especially useful when abroad, gestures often are not enough to get a message across. A limited number of phrases will help a visitor in a German-speaking country get what he or she wants. From the following list, choose the ten expressions that you consider the most important to know. You may want to compare your choices with those of other students. The "?" at the end of this activity and other activities throughout the book is an invitation to add your own items.

1. _____ Guten Tag! (Guten Morgen! Guten Abend!)
2. _____ Wo ist die Toilette?
3. _____ Wieviel kostet das?
4. _____ Eins, zwei, drei, . . . zehn.
5. _____ Wo ist der Bahnhof, bitte? (der Flugplatz? die Bushaltestelle?)
6. _____ Geben Sie mir bitte eine Postkarte!
7. _____ Wieviel Uhr ist es?
8. _____ Entschuldigen Sie, bitte!
9. _____ Auf Wiedersehen! (Gute Nacht!)
10. _____ Wie geht es Ihnen?
11. _____ Ist Post für mich da?
12. _____ Danke schön.
13. _____ Ich bin krank.
14. _____ Bringen Sie mir bitte die Speisekarte!
15. _____ Ich verstehe das nicht.
16. _____ Sprechen Sie englisch?
17. _____ Das ist zu teuer.
18. _____ Ich kann meinen Paß (*passport*) nicht finden.
19. _____ Haben Sie ein Zimmer?
20. _____ Was ist Ihre Adresse?
21. _____ Ich möchte Dollar in D-Mark umwechseln.
22. _____ Wo ist das amerikanische Konsulat?
23. _____ Helfen Sie mir, bitte!
24. _____ Wie heißen Sie?
25. _____ Lassen Sie mich in Ruhe!
26. _____ Wieviel kostet ein Brief nach den Vereinigten Staaten?
27. _____ Wollen Sie mit mir ausgehen?
28. _____ Ich liebe dich.
29. _____ Gibt es eine Apotheke in der Nähe?
30. _____ ?

C A Little German Goes a Long Way

Knowing a little German and being creative with gestures will usually allow you to communicate in almost any situation. Listed below are several problems you might encounter in a German-speaking country. How would you handle the following situations? Use the German you know, gestures, drawings—anything but English! Following the situations is a list of possible solutions upon which you may want to base your reply. (Act out one or several of the situations with your fellow students.)

1. Sie essen in einem Restaurant in Köln. Das Essen ist sehr schlecht, und Sie möchten (*would like to*) deshalb nicht dafür zahlen. Was tun Sie?
2. Sie möchten sich Berlin ansehen and bitten ein Reisebüro um Auskunft (*information*). Der Angestellte (*employee*) sagt Ihnen, Sie sollen eine organisierte Stadtrundfahrt mit einem Reisebus machen. Sie wollen das nicht, weil Sie sich die Stadt allein ansehen möchten. Der Angestellte versucht trotzdem, Sie zu überreden (*to talk you into it*). Was tun Sie?
3. Sie essen mit Freunden in einem bekannten, eleganten Münchner Restaurant. Der Ober fragt Sie, welchen Wein Sie möchten. Aber Sie kennen nur Coca-Cola und amerikanische Weine. Was tun Sie?
4. Sie kommen auf dem Frankfurter Flughafen an. Sie suchen Ihren Koffer, aber Sie finden ihn nicht. Was tun Sie?
5. Sie sind Tourist in Hamburg. Eines Abends machen Sie einen Stadtbummel (*stroll through the city*). Um elf Uhr wollen Sie zurück ins Hotel, aber Sie haben die Adresse vergessen. Was tun Sie?
6. Sie wollen mit dem Zug von Frankfurt nach Stuttgart fahren. Plötzlich sind Sie in Koblenz. Was tun Sie?

Hier sind einige Möglichkeiten:
   a. Ich bestelle ein Bier.
   b. Ich fahre mit einem Taxi.
   c. Ich suche einen Polizisten.
   d. Ich beschwere mich (*complain*) in der Küche.
   e. Ich weine.
   f. Ich laufe weg.
   g. Ich spreche mit dem Schaffner (*conductor*).
   h. Ich schreie.
   i. Ich werde nervös.
   j. Ich bete (*pray*).
   k. Ich habe Angst.
   l. Ich schreie den Mann an.
   m. Ich sehe in einem Telefonbuch nach.
   n. Ich suche ein Telefon.
   o. Ich frage: „Was empfehlen (*recommend*) Sie?"
   p. Ich gehe zum Auskunftsschalter.
   q. Ich suche ein neues Hotel.
   r. Ich schlafe auf einer Bank im Stadtpark.
   s. Ich fliege wieder nach Amerika zurück.
   t. Ich nehme einen anderen Koffer.
   u. Ich nehme einen Bus.
   v. Ich mache ein großes Theater (*a big scene*).
   w. ?

KAPITEL
ZWEI
Tourismus: Industrie Nr. 1?

Wie Sie es auch nennen—Reiselust, Reisefieber°—die Deutschen *travel fever*
haben es! Fast die Hälfte° der Deutschen macht wenigstens einmal *half*
im Jahr eine Ferienreise. Deutsche Urlauber° tragen mehr Geld als *vacationers*
jede andere Nation ins Ausland.

5   Der Tourismus wächst nicht nur in Deutschland sondern in der
ganzen Welt. Zukunftsforscher° glauben, daß die Touristikbranche *researchers of the future*
im Jahr 2000 die größte Industrie der Welt sein wird. Der Zukunfts-
mensch wird mehr Geld und mehr Freizeit zum Reisen haben als
je zuvor.° *before*

10   Wie kann der Tourismus bei den hohen Transport- und Ener-
giekosten weiterhin wachsen? Schon heute arbeiten Techniker an
Flugzeugtypen, die weniger Kerosin verbrauchen° aber trotzdem *use up*

Flugplatz Köln/Bonn

mehr Menschen transportieren als die jetzigen Modelle. Der „Airbus"[1] ist eine Maschine des neuen Typs. Flugzeugingenieure in Seattle wollen das Oberdeck des Jumbo 747 länger machen, um mehr Passagiere zu transportieren. Boeing plant schon das Flugzeug für das Jahr 2000: die Boeing 907, der „fliegende Flügel" mit acht Motoren für 1000 Personen. Und wer weiß? Vielleicht fliegen Flugzeuge bald mit Wasserstoff° anstatt mit Kerosin.

hydrogen

[1]The Airbus is a new large-capacity aircraft for short and medium distances. It is assembled in France from components manufactured in different countries. There are already 75 units in service.

Reading Hint

Knowing the meaning of one word often permits you to understand related words. These related words form a "family." For instance, if you know the word **arbeiten**, you will also understand **die Arbeit, der Arbeiter, die Arbeiterin, arbeitsam, arbeitslos**, and, of course, such compounds as **die Arbeitszeit, das Arbeitszimmer, arbeitswillig**, etc. From the verb **besuchen** you can guess **der Besucher, die Besucherin, der Besuch, die Besuchszeit**, etc.

Mit dem Zug in die Ferien

AUSLANDS-TOURISMUS 1979

| Die größten Reisenationen | | Die beliebtesten Reiseziele |

Ausgaben für Auslandsreisen in Mrd Dollar   Einnahmen von ausländischen Touristen in Mrd Dollar

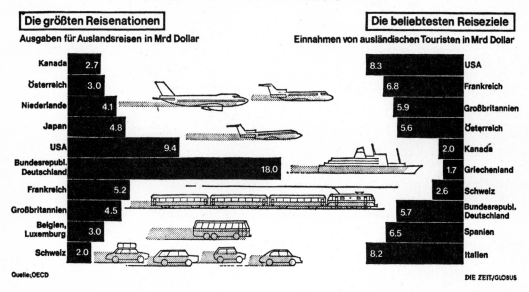

Land	Ausgaben		Einnahmen	Land
Kanada	2.7		8.3	USA
Österreich	3.0		6.8	Frankreich
Niederlande	4.1		5.9	Großbritannien
Japan	4.8		5.6	Österreich
USA	9.4		2.0	Kanada
Bundesrepubl. Deutschland	18.0		1.7	Griechenland
Frankreich	5.2		2.6	Schweiz
Großbritannien	4.5		5.7	Bundesrepubl. Deutschland
Belgien, Luxemburg	3.0		6.5	Spanien
Schweiz	2.0		8.2	Italien

Quelle: OECD

DIE ZEIT/GLOBUS

A Fragen über den Text

1. Welches Land war im Jahr 1979 die größte Reisenation?
2. Wo wächst der Tourismus?
3. Was wird im Jahr 2000 die größte Industrie der Welt sein?
4. Woran arbeiten Techniker schon heute?
5. Was ist der „Airbus"?
6. Was wollen Flugzeugingenieure in Seattle machen? Warum?
7. Was ist der „fliegende Flügel"?
8. Womit werden Flugzeuge in der Zukunft vielleicht fliegen?
9. Wieviel Geld haben die Deutschen im Jahr 1979 für Auslandsreisen ausgegeben? (*You can find the answer on the chart entitled* Auslands-Tourismus 1979.)
10. Welches Land war das beliebteste Reiseziel im Jahr 1979? Wieviel Dollar brachte der Tourismus diesem Land? (*See chart on* Auslands-Tourismus 1979.)

Ferienverkehr au der Autobahn

B Mit wem machen Sie gern Ferien?

Ich gehe (nicht) gern . . .
1. mit Freunden, die gern Sport treiben.
2. mit jüngeren Geschwistern.
3. mit meinem Großvater, der gern spazieren geht.
4. mit meinem Vater, der immer Ruhe haben will.
5. mit meiner Freundin, die gern tanzt.
6. mit meiner Mutter, die Ordnung liebt.
7. mit meinem Freund, der gern Schach (*chess*) spielt.
8. mit Hans, der gern Bier trinkt.
9. mit Frauen, die gern schwatzen (*gossip*).
10. mit kontaktfreudigen (*gregarious*) Leuten.
11. ?

C Wo machen diese Leute gern Urlaub?

Make original sentences using the elements suggested below.

Beispiel
Ich mache gern *in Kanada* Ferien.

Ihre Mutter
Ihr Vater
Ihr Bruder
Ihre Schwester
Ihr(e) Freund(in)
Ihr(e) Lehrer(in)
Sie selbst
?

im Wald
an einem See
in den Bergen
an der See
weit von der Autobahn
im Westen der USA
im Süden
in Kanada
zu Hause
?

Reklame in einem Reisebüro

Ferienparadiese

Monika und Brigitte sind Sekretärinnen, die bei einer Import-Exportfirma arbeiten. Jede Woche spielen sie Lotto° und kaufen zusammen ein Los°. Jetzt besprechen° sie, was sie mit dem Geld machen, wenn sie gewinnen.

a type of lottery
lottery ticket/discuss

5   „Wenn wir das große Los gewinnen, machen wir eine Reise"°, sagt Monika.

trip

„Ja, aber wohin?" fragt Brigitte.

Die beiden Mädchen lieben den Wintersport. Monika hat einen Reisekatalog mit dem Titel „Winterreisen in Sonne und Schnee". Darin liest sie:

Ferien im Schnee

10   In unseren Wintersportorten finden Sie herrliche Schipisten.° Kommen Sie auf Urlaub° in die schönen Dolomiten!° Verbringen° Sie den Tag in den Bergen! Und besuchen Sie abends gute Restaurants, gemütliche Gaststuben,° Bars, Kinos und Diskotheken!

ski runs
vacation/mountains in northern Italy
spend
inns, taverns

15   Brigitte hat aber einen anderen Katalog mit dem Titel „Länder, wo der Sommer überwintert". Ein Bild zeigt goldenen Sand, grüne Palmen und blauen Himmel; ein Junge und ein Mädchen spielen lustig im Meer. Unter dem Bild steht:

Sommerferien

20   Stillen° Sie Ihren Sonnenhunger! Machen Sie Wintersonnen-   *appease*
urlaub in Spanien, Jugoslawien oder auf den Kanarischen
Inseln!° Wenn Sie Schnee und Nebel° nicht gern haben, fin-   *Canary Islands/fog*
den Sie hier das ideale Winterparadies.

   „Das ist Spitze!"° ruft Monika. „Dann können wir schwim-   *Super!*
25 men, wasserschilaufen und Tennis spielen. Gut, wenn wir viel
Geld gewinnen, fliegen wir in die Sonne."

Cultural Note

The weekly lottery is very popular in Germany. Almost 19 million Germans (about one third of the total population) try their luck every week by playing **Lotto**. Players can even specify a designated sum of **Deutsche Mark** to be deducted automatically from their paychecks for a **Lottoschein**. The cost of the **Lottoschein** depends on how many boxes are filled out and played. There are 49^{49} possibilities. The weekly game closes on Fridays at 6 P.M., and the official public drawings are on Saturday nights. Names of the winners are announced on radio and television or can be obtained by calling a special telephone number. First prize (six correct numbers) is 1 million marks.

Das Lotterielos

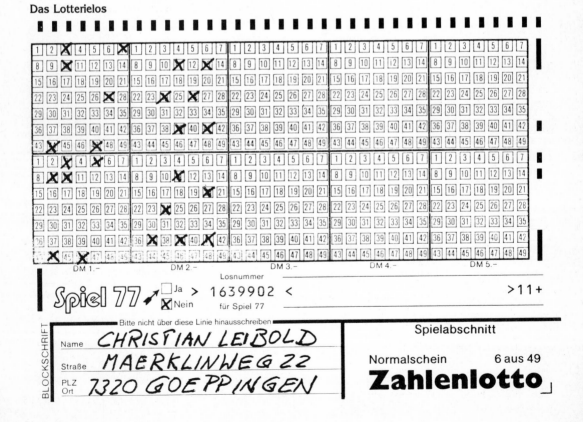

 *(continued)*

D Wo sind Sie?

Possible answers: in Mallorca, in Washington, D.C., in Ostafrika, in Nepal, in den Dolomiten, in den Rocky Mountains, in Tunesien, in Disneyland oder?

1. Sie gehen auf Safari in ein Paradies der Tiere. Sie sind in . . .
2. Sie sehen Donald Duck und Mickey Maus.
3. Hier in Norditalien gehen Sie bergsteigen (*mountain climbing*) und schilaufen.
4. Sie besuchen das „Dach der Welt" im Himalaja.
5. Sie sehen Minarette und Palmen und reiten auf einem Kamel am Strand (*beach*).
6. Auf dieser romantischen Insel im Mittelmeer (*Mediterranean Sea*) hören Sie überall Spanisch.
7. Sie besuchen die Wohnung des US Präsidenten.

E Was suchen Sie in einem Ferienort?

Rank the following vacation experiences according to your personal preferences. Explain your answers, if you wish.

a. _____ Bars und Diskotheken
b. _____ Natur und frische Luft
c. _____ Wanderwege
d. _____ Museen und Theater
e. _____ Ruhe
f. _____ neue Freunde
g. _____ gutes Essen und Trinken
h. _____ Schipisten
i. _____ Flirt und Liebe
j. _____ Wassersportmöglichkeiten
k. _____ Luxushotels
l. _____ Tennisplätze
m. _____ ?

F   Wo verbringen Sie am liebsten Ihre Ferien? Warum?

The following descriptions are from a German **Ferienkatalog.** *Choose the place where you would like to spend a vacation and explain why the particular accommodations attract you.*

1. Modernes Appartementhaus, nicht weit vom Ortszentrum und von eleganten Geschäften. Alle Zimmer mit Bad, Terrasse, Telefon. Tanzbar, wo sich junge Leute treffen.
2. Nette, kleine Pension (*guest house*) mit Garten und Schwimmbad in ruhiger Lage nur 70 Meter vom Strand entfernt. Komfortable Zimmer mit Dusche (*shower*) und WC (*toilet*). Alle Wassersportmöglichkeiten.

3. Freundliches Familienhotel der guten Touristenklasse. Drei Schilifte ganz in der Nähe. Sauna, Eislaufplatz, Ping-Pong. Sportliche Atmosphäre.

4. First-Class-Hotel direkt am Strand. Große Lobby, Restaurant, Bars, Coffee-Shop, Nachtclub, Shopping-Arkade, Fitneß-Zentrum mit Sauna, Swimming-Pool, Balkon, Telefon, Klimaanlage (*air-conditioning*), Bad/Dusche/WC.

G Treiben Sie Sport? Welche Sportarten treiben Sie gern?

Use the appropriate number from the scale given below to indicate how often you participate in the following sports.

	1	2	3	4
	nie	*selten*	*manchmal*	*oft*

a. _____ Reiten
b. _____ Zelten (*camping*)
c. _____ Jagen
d. _____ Tanzen
e. _____ Schlittschuhlaufen (*ice skating*)
f. _____ Tischtennis
g. _____ Tennis
h. _____ Schilaufen
i. _____ Fußball
j. _____ Kegeln (*bowling*)
k. _____ Turnen
l. _____ Schwimmen
m. _____ Golf
n. _____ Leichtathletik (*track and field sports*)
o. _____ Segeln
p. _____ Rollschuhlaufen
q. _____ Angeln (*fishing*)
r. _____ Gymnastik
s. _____ Wasserschilaufen
t. _____ Fahrradfahren
u. _____ ?

Wintersport

H Wofür sind diese Länder bekannt?

Make original sentences by combining elements from each column.

In Spanien	gibt es	elektronische Geräte.
Japan		Elefanten und Löwen.
der Türkei		Geishas.
Marokko		gute Schokolade und Käse.
Deutschland		Rhythmus in Rio.
Ostasien		Moscheen und Sultanspaläste.
der Schweiz		hohe Berge.
Brasilien		„Kamikaze"-Taxifahrer.
Kenia		mehrere Sprachen.
Indien		Flamenco-Shows.
?		sensationellen Fußball.
		?

I Wie reisen Sie?

Indicate whether the second sentence in each group is true or false. Correct the statement if it is false or if you do not agree with it.

1. Sie sind in Amerika und wollen nach Deutschland.
   Sie fliegen mit dem Flugzeug.
2. Sie stehen am Bahnhof und lesen einen Fahrplan.
   Sie fahren mit der Eisenbahn.
3. Sie wohnen in München und wollen nach Bremen.
   Sie gehen zu Fuß.
4. Sie lieben Ruhe.
   Sie fahren mit dem Motorrad.
5. Sie haben keinen Führerschein (*driver's license*), aber Sie wollen einen Freund im nächsten Dorf besuchen.
   Sie fahren mit dem Auto Ihres Vaters.
6. Sie wohnen in Hamburg und wollen nach Heidelberg.
   Sie fahren mit dem Zug.
7. Sie wohnen auf Mallorca und wollen eine Freundin in Barcelona besuchen.
   Sie fahren mit dem Schiff.
8. Sie wandern gerne in den Bergen.
   Sie gehen zu Fuß.

J Sie arbeiten in einem Reisebüro

*Write an advertisement which will attract vacationers to a certain seaside resort.
Below are some phrases you may want to use.*

Direktflug mit Jet
grüne Insel unter warmer Sonne
komfortable Zimmer mit Bad
goldner Strand am blauen Meer
exotische Küche
Golfplatz und Schwimmbad in der Nähe
schöne Wanderwege
Voll- und Halbpension (*room with all or some meals*)
exklusives Restaurant und Diskothek
Bootsfahrten
?

KAPITEL
DREI

Können Sie in Deutschland Auto fahren?

Die meisten° Amerikaner machen zwischen ihrem sechzehnten und achtzehnten Lebensjahr den Führerschein.° Sie machen eine schriftliche und eine praktische Prüfung. Viele bereiten sich darauf mit einem Kurs in der Oberschule vor; manche nehmen Privat-
5 stunden; andere lernen es von ihrem Vater oder von einem Freund.

most
driver's license

In Deutschland fahren weniger Teenager Auto als in Amerika, denn man darf erst mit achtzehn Jahren den Führerschein machen. Um den Führerschein zu bekommen, muß man Privat-
10 stunden bei einer Fahrschule nehmen. Der Kurs dauert meistens zwölf Wochen und ist sehr teuer, etwa DM 1 000. Wie in den Vereinigten Staaten, hat die Prüfung zwei Teile: einen schwierigen schriftlichen und einen praktischen.

Obwohl sehr viele Deutsche ein Auto haben, ist für manche das
15 eigene Auto immer noch ein Luxus. Man fährt daher mit Zügen, Bussen, Straßenbahnen oder anderen öffentlichen Verkehrsmitteln.

Cultural Note

American visitors to the **Bundesrepublik** are frequently astonished by the agressive driving habits of many Germans. Practically no one drives 55 mph (about 80 km/h) on an open highway. A generally sensible and courteous citizen can turn into a
racing maniac once he or she hits the **Autobahn.** Since the
speed is unrestricted on most of these super highways, it is not
unusual to encounter motorists driving at the top speeds of
which their cars are capable.

As you drive peacefully down the **Autobahn,** don't be surprised if a motorist flashes his lights in your rear view mirror or
gestures at you impatiently because you temporarily blocked
the passing lane.

Unfortunately, the driving habits of the citizens of the Federal
Republic are reflected in the accident rate—one of the highest
in Europe.

A   Fragen über den Text

1. Wann machen die meisten Amerikaner den Führerschein?
2. Wie bereiten sie sich darauf vor?
3. Wann lernt man das Autofahren in Deutschland?
4. Wo lernen die Deutschen das Autofahren?
5. Wie lange dauert der Kurs? Ist er billig?
6. Was muß man tun, um einen Führerschein zu bekommen?
7. Womit fährt man in Deutschland, wenn man kein Auto hat?

B   Verkehrszeichen

*Vielleicht wollen Sie einmal in Deutschland Auto fahren. Versuchen Sie diesen
kleinen Test über deutsche Verkehrszeichen (traffic signs)! Jede richtige Antwort
ist einen Punkt wert. Die richtigen Antworten finden Sie auf Seite 227.*

(NOTE: *The triangular red and white signs warn the driver of danger ahead. The round red and white signs or red and blue signs tell the driver what he may not do. The round blue and white signs tell the driver what he must do. The square or rectangular blue and white signs are information signs.*)

1.
   - **a.** Gefahrstelle
   - **b.** Halt!
   - **c.** Vorfahrt gewähren° *yield right of way*

2.
   - **a.** Brücke über der Straße
   - **b.** Anfang der Autobahn
   - **c.** Querstraße

3.
   - **a.** Überholverbot° *no passing*
   - **b.** Gegenverkehr° *two-way traffic*
   - **c.** Nur Autos auf dieser Straße

4.
   - **a.** Fahren Sie rechts!
   - **b.** Vorsicht!° Rechtskurve *caution*
   - **c.** Seitenstraße rechts

5.
   - **a.** Schneewehe° *snow drift*
   - **b.** Baustelle
   - **c.** Unebene Fahrbahn° *uneven roadway*

6.
   - **a.** Rechtskurve. Vorsicht!
   - **b.** Die Straße hört rechts auf.
   - **c.** Fahren Sie rechts!

7.
   - **a.** Die Straße ist nur für Autos.
   - **b.** Parkverbot für Autos
   - **c.** Autos verboten

8.
   - **a.** Nur für Fahrräder
   - **b.** Vorsicht! Fahrräder auf der Straße
   - **c.** Fahrräder verboten

9.
   - **a.** Fahren Sie mindestens° 30 km/h!° *at least / kilometers per hour (from French, kilomètres par heure)/at most*
   - **b.** Fahren Sie höchstens° 30 km/h!
   - **c.** 30 km bis zur Grenze

10.
   a. Sie dürfen hier nicht halten.
   b. Straßenbahnhaltestelle
   c. Verbot für Fahrzeuge° aller Art   *vehicl*

11.
   a. Einbahnstraße°   *one-way street*
   b. Einfahrt verboten°   *do not enter*
   c. Halten verboten

12.
   a. Bahnübergang°   *RR crossing*
   b. Einfahrt verboten
   c. Halteverbot

13.
   a. Vorsicht! Langsam fahren!
   b. Halteverbot
   c. Ende aller Verbote

14.
   a. Das ist die Nummer der Straße.
   b. Fahren Sie mindestens 35 km/h!
   c. Eine Umleitung° nach 35 Metern   *detour*

15.
   a. Sie kommen an eine Brücke.
   b. Die Straße hört auf.
   c. Sie kommen an einen Bahn-
       übergang.

Was sagen die Verkehrszeichen?

Zählen Sie Ihre Punkte zusammen!

13–15 Punkte   Sie dürfen in Deutschland Auto fahren.

10–12 Punkte   Studieren Sie vor Ihrer Deutschlandreise noch einmal die
                deutschen Verkehrszeichen!

8–9   Punkte   Wenn Sie mit dem Auto fahren wollen, nehmen Sie einen Chauf-
                feur mit!

6–7   Punkte   Nehmen Sie lieber den Zug!

0–5   Punkte   Bleiben Sie im Bett! Sie sind eine große Gefahr auf der Straße!

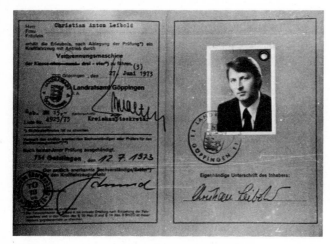

Führerschein

C   Lernen Sie Ihr Auto kennen!

1. die Stoßstange (*pl.* -n)
2. die Motorhaube
3. die Windschutzscheibe
4. der Scheibenwischer (*pl.*-)
5. das Dach/das Verdeck
6. die Scheibe (*pl.* -n)
7. der Kofferraum
8. der Kotflügel (*pl.*-)
9. der Scheinwerfer (*pl.*-)
10. der Benzintank
11. der Reifen (*pl.*-)

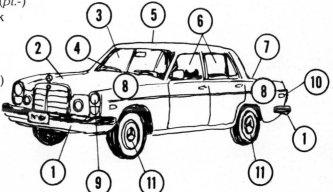

12. das Lenkrad
13. die Hupe
14. die Gangschaltung
15. das Gaspedal
16. die Kupplung (das Kupplungspedal)
17. die Bremse (das Bremspedal)
18. der Tachometer
19. die Benzinuhr

D Wie gut kennen Sie Ihr Auto?

Are the following statements true or false? If false, make the appropriate corrections.

1. Der Motor ist unter der Hupe.
2. Für eine lange Reise mit viel Gepäck *(luggage)* brauchen Sie einen großen Benzintank.
3. Es regnet. Sie brauchen die Scheibenwischer.

4. Sie halten auf einem Berg. Sie müssen die Stoßstange ziehen.
5. Sie können nicht gut sehen. Sie müssen die Windschutzscheibe reinigen.
6. Sie haben eine Reifenpanne *(flat tire)*. Sie müssen den Kotflügel wechseln.
7. Ihre Hände sollen immer am Bremspedal bleiben.
8. Um schneller zu fahren, schalten *(shift)* Sie. Dazu gebrauchen Sie die Gangschaltung.
9. Ein Kind läuft über die Straße. Sie müssen auf das Lenkrad treten.
10. Sie fahren gern schnell. Sie schauen *(look)* oft auf den Tachometer.
11. Es ist dunkel. Sie brauchen die Handbremse.
12. Um zu schalten, treten Sie auf das Kupplungspedal.
13. Sie fahren schon ein paar Stunden und sehen eine Tankstelle. Sie schauen auf die Benzinuhr.
14. Sie möchten einen Fahrradfahrer *(bicyclist)* warnen. Sie drücken auf die Motorhaube.
15. Sie versuchen, in einem engen Parkplatz zu parken. Dabei berühren Sie das Auto vor Ihnen mit der Scheibe.
16. Sie haben einen kleinen Unfall *(accident)* mit Ihrem Mercedes. Vorne links hat der Kofferraum eine Beule *(dent)*.
17. Um zu fahren, treten Sie auf das Gaspedal.
18. Das Benzin ist im Reifen.
19. Wenn es kalt ist, machen Sie die Scheinwerfer zu.
20. Wenn Sie Ihr Auto waschen, waschen Sie zuerst das Dach.

E Beschreiben Sie „typische" Autofahrer!

Combine elements from columns A and B, describing the way you think some people drive.

A	B
1. Alte Leute	a. fahren oft zu schnell.
2. Männer	b. glauben, junge Leute fahren zu schnell.
3. Motorradfahrer	c. fahren oft zu langsam.
4. Frauen	d. sind vorsichtige Fahrer.
5. Junge Leute	e. glauben, die Straße gehört ihnen allein.
6. Eltern	f. fahren noch vorsichtiger als Frauen.
7. Mercedesfahrer	g. sind Selbstmordkandidaten *(suicide-)*.
8. Polizisten	h. passen nicht auf andere Fahrer auf.
9. Volkswagenfahrer	i. fahren wie Verrückte *(lunatics)*.
10. ?	j. ?

F Ölkrise

Number the items in order of priority. (Number 1 is most important.)

1. Es gibt weniger Benzin. Was sollte man tun?
    a. _____ die Benzinpreise erhöhen *(raise)*
    b. _____ das Benzin rationieren
    c. _____ das Autofahren sonntags verbieten *(prohibit)*
    d. _____ nur ein Auto pro Familie erlauben *(allow)*
    e. _____ langsamer fahren
    f. _____ ?

Bushaltestelle

Im Bahnhof

2. Das Benzin wird doppelt so teuer. Was tun Sie?

    a. _____ Ich fahre langsamer.

    b. _____ Ich tue überhaupt nichts, denn ich habe viel Geld.

    c. _____ Ich fahre weniger.

    d. _____ Ich fahre mit dem Fahrrad.

    e. _____ Ich kaufe ein kleineres Auto.

    f. _____ ?

3. Sie haben gerade Ihren Führerschein gemacht. Sie möchten ein Auto, aber das Benzin kostet $1.00 pro Liter. Was tun Sie?

    a. _____ Ich kaufe einen Volkswagen.

    b. _____ Ich kaufe ein Motorrad.

    c. _____ Ich nehme den Bus oder den Zug.

    d. _____ Ich möchte Komfort und kaufe einen großen Cadillac.

    e. _____ Ich laufe, denn das ist gesund.

    f. _____ ?

G   Was tun Sie?

Choose one or more of the answers that apply to you, or give your own answer.

1. Wie fühlen Sie sich am Steuer?

    a. Ich fühle mich frei und glücklich.

    b. Ich fühle mich wie ein Rennfahrer.

    c. Ich habe Angst.

    d. Ich fühle mich ungeschickt.

    e. Ich fühle mich wohl.

    f. Ich fühle mich stark und unverwüstlich *(indestructible)*.

    g. ?

2. Sie haben einen kleinen Unfall. Sie sind nicht verletzt. Was tun Sie?

    a. Ich weine.

    b. Ich zittere *(tremble)* aus Angst vor meinen Eltern.

    c. Ich schreie den ander(e)n Fahrer an.

    d. Ich rufe die Polizei.

    e. Ich bin auf mich selbst böse *(angry)*.

    f. Ich lege mich auf die Straße, denn ich fühle mich nicht wohl.

    g. Ich fahre sofort weg.

    h. ?

3. Ihr Freund trinkt zu viel auf einer Party. Er will Sie trotzdem mit seinem Auto nach Hause fahren. Was tun Sie?

    a. Ich bitte ihn, nicht zu fahren.

    b. Ich fahre mit einem ander(e)n Freund nach Hause.

    c. Ich gebe ihm viel Kaffee zu trinken.

    d. Ich fahre mit ihm und bete.

    e. Ich fahre selbst.

    f. Ich rufe ein Taxi.

    g. ?

4. Sie fahren zu einer wichtigen Verabredung *(appointment)*. Sie haben eine Reifenpanne. Was tun Sie?

    a. Ich lasse das Auto stehen und gehe zu Fuß zu meiner Verabredung.

    b. Ich weine.

    c. Ich warte im Auto, bis ein Polizist vorbeifährt.

    d. Ich fahre per Anhalter *(hitchhike)* weiter.

    e. Ich wechsle den Reifen.

    f. Ich suche ein Telefon.

    g. Ich fluche *(curse)*.

    h. ?

KAPITEL
VIER
Kinder ohne Heimat°?

homeland

In der Bundesrepublik Deutschland leben ungefähr 4,5 Millionen
Ausländer. Davon sind fast eine Million Kinder. Ein Beispiel ist Ali.
Er ist Türke. Ali ist zehn Jahre alt und wohnt seit sieben Jahren mit
seiner Familie in Hamburg. Er versteht die deutsche Sprache ganz
5 gut, kann aber nicht schnell antworten. Ali ist intelligent und geschickt. Er kann Küchengeräte und Fahrräder reparieren. In der
Schule hilft sein mechanisches Talent aber nicht viel. Hier muß
man sprechen können—auf deutsch. Ali möchte später Autos reparieren. Um Mechaniker zu werden, muß er die Berufsschule°   *vocational school*
10 besuchen und eine Lehrstelle° finden. Dafür braucht man den   *apprenticeship*
Hauptschulabschluß.[1] Aber viele Ausländer verlassen° die Haupt-   *leave*
schule ohne dieses Zeugnis,° und nur ein Viertel der   *diploma*
ausländischen Schüler bekommt eine Lehrstelle. 65 Prozent sind
„ungelernte" Arbeiter und verdienen wenig Geld.

[1]See Cultural Note 1, Chapter 6, page 49.

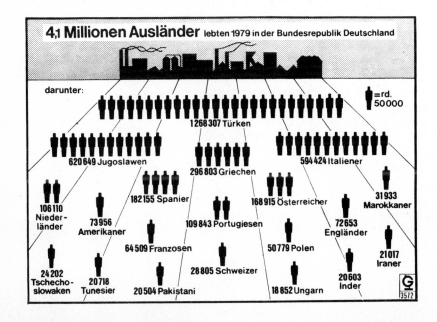

4,1 Millionen Ausländer lebten 1979 in der Bundesrepublik Deutschland

darunter:

= rd. 50000

1 268 307 Türken

620 649 Jugoslawen

296 803 Griechen

594 424 Italiener

106 110 Nieder-länder

73 956 Amerikaner

182 155 Spanier

168 915 Österreicher

31 933 Marokkaner

64 509 Franzosen

109 843 Portugiesen

50 779 Polen

72 653 Engländer

21 017 Iraner

24 202 Tschecho-slowaken

20 718 Tunesier

20 504 Pakistani

28 805 Schweizer

18 852 Ungarn

20 603 Inder

15   Ali lebt zwischen zwei Kulturen. Zu Hause spricht er die Muttersprache seiner Eltern und lebt in der Kultur ihrer Heimat. Aber in
der Schule und auf der Straße muß er Deutsch sprechen und den
Sitten° des Gastlandes folgen.   *customs*

    Für die Gastarbeiter ist es wichtig, daß ihre Kinder die Sprache
20 und Kultur der Heimat nicht verlieren. Aber die Kinder brauchen
die Integration, sonst haben sie in der Gesellschaft° und im Beruf   *society*
wenige Chancen.

    Es ist nicht leicht, halb Deutscher, halb Türke, Spanier, Itali-
ener, Jugoslawe oder Grieche zu sein. Wenn die Kinder der Gast-
25 arbeiter eine Chance auf einen guten Beruf haben wollen, müssen
sie die deutsche Sprache können. Die Sprache ist der Schlüssel
zur Gesellschaft des „Gastlandes." Aber Deutsch zu lernen ist oft
sehr schwierig. In manchen Stadtteilen, wo viele Gastarbeiter wohnen, gibt es Schulklassen mit nur ausländischen
30 Schülern. Für diese Schüler ist es sehr schwer, bei den deutschen
Kindern Kontakt zu finden.

    Viele Deutsche haben immer noch Vorurteile° gegen die   *prejudices*
Ausländer. Aber Behörden,° Kirchen° und Privatorganisationen   *government offices/churches*
versuchen Deutsche und Ausländer näher zusammenzubringen. In
35 Hamburg, wo Ali wohnt, startete der Schulsenator eine Aktion,
„Ausländische Kinder—unsere Freunde": Jeder Schüler sollte
sich um einen ausländischen Kameraden kümmern° und ihm hel-   *care for*
fen. Die Aktion hatte Erfolg.° Die deutschen und die türkischen   *success*
Kinder machten eine „Entdeckungsreise"° durch Hamburg und   *discovery trip*
40 trafen sich zu Spiel und Sport. Eine deutsche Mutter half den kleinen Türken bei den Hausaufgaben. Die türkischen Eltern dankten
mit einem türkischen Festessen, und dabei lernten deutsche Eltern und Kinder mehr über die türkische Kultur und Mentalität als
bei einer Ferienreise in die Türkei.

Cultural Note

Due to the thriving economy of the sixties and early seventies,
the West-German government invited **Gastarbeiter** to supple-
ment the labor force. Although the Federal Republic of Germany no longer encourages the import of foreign labor, many
foreigners are still entering the country as political refugees. This
new wave of immigrants comes from Turkey, Pakistan, Ethiopia,
Afghanistan, and a dozen other economically disadvantaged
Third World Nations. After entering West Germany as visitors,
they often apply for political asylum under the constitution that
was adopted after World War II as a deliberate antidote to the

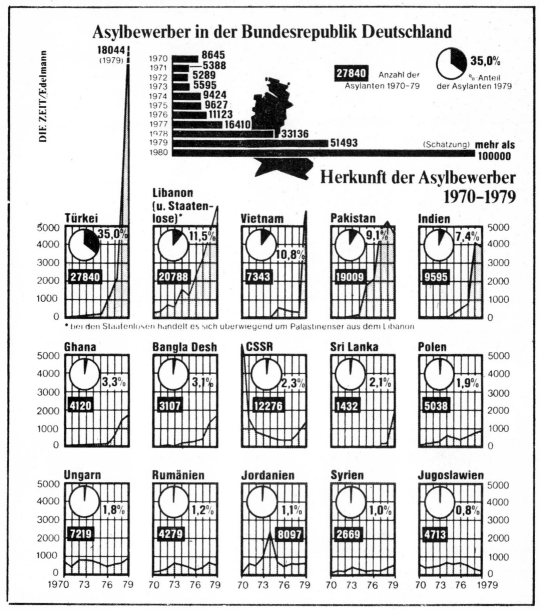

Asylum seekers in the Federal Republic of Germany

racist laws of the Nazi era. The constitution guarantees the right of asylum to those persecuted on political grounds, as well as the right to appeal any denial of asylum.

It seems that most of the asylum seekers come in search of a job rather than a political sanctuary. Because of the generous asylum laws and cumbersome judicial procedures, it can take up to eight years to process an asylum application and appeal.

Meanwhile, the asylum seeker is free to stay in the country, living on welfare payments that cost the federal and local governments $500 million in 1980. A number of cities with large populations of **Gastarbeiter**, including Frankfurt and Essen, have declared themselves closed to any more immigrants, because they feel that they are bearing a disproportionate share of the economic burden. In the first six months of 1980, Frankfurt had already absorbed 8000 asylum seekers at a cost of $12 million.

The federal government in Bonn is trying to slow the influx of foreigners with a tough new set of regulations for asylum seekers. Judicial procedures are to be streamlined so that applications can be processed in two years. The purpose of this reform is not to block bona fide political refugees, but to stop abuse of the asylum laws; and to destroy the illusion that West Germany is the "promised land."

A Fragen über den Text

1. Wie viele Ausländer leben in der Bundesrepublik?
2. Wie viele davon sind Kinder?
3. Wie alt war Ali, als seine Familie nach Hamburg kam?
4. Wie zeigt Ali, daß er intelligent und geschickt ist?
5. Was möchte Ali werden?
6. Welche Schule muß er für seinen späteren Beruf besuchen?
7. Warum bekommt nur ein Viertel der ausländischen Schüler Lehrstellen?
8. In welcher Kultur lebt Alis Familie?
9. Wie nennt man die ausländischen Arbeiter in der Bundesrepublik?
10. Beschreiben Sie die Schulsituation in manchen Stadtteilen, wo viele Gastarbeiter wohnen.
11. Akzeptieren alle Deutschen die Gastarbeiter?
12. Was geschah in Hamburg, um die deutschen und ausländischen Schüler zusammenzubringen?

B Woher kommen die Ausländer?

Die Landkarte auf Seite 36–37 kann Ihnen helfen.

1. Türken kommen aus der _____
2. Spanier kommen aus _____.
3. Jugoslawen kommen aus _____.
4. Griechen kommen aus _____.
5. Italiener kommen aus _____.
6. Afghanen kommen aus _____.
7. Tschechen kommen aus der _____.
8. Tunesier kommen aus _____.
9. Marokkaner kommen aus _____.
10. Portugiesen kommen aus _____.
11. Pakistani kommen aus _____.
12. Inder kommen aus _____.
13. Iraner kommen aus _____.
14. ? _____.

C Reading Hint

As you may have noticed, most geographical terms are similar in German and English. This is also often true for the words that describe a country's language(s).

Beispiel
Engländer sprechen *Englisch*. Verbinden Sie die Sprache mit der Nationalität:

Nationalität		Sprache
Türken	sprechen	Spanisch.
Italiener		Englisch.
Griechen		Türkisch.
Spanier		Deutsch.
Jugoslawen		Griechisch.
Mexikaner (!)		Italienisch.
Portugiesen		Russisch.
Russen		Französisch.
Chinesen		Portugiesisch.
Franzosen		Tschechisch.
Österreicher (!)		Chinesisch.
Tschechen		Jugoslawisch.
Schweizer (!)		Arabisch.
Amerikaner (!)		Japanisch.
Ägypter (!)		?
Kanadier (!)		?
Japaner (!)		?
?		

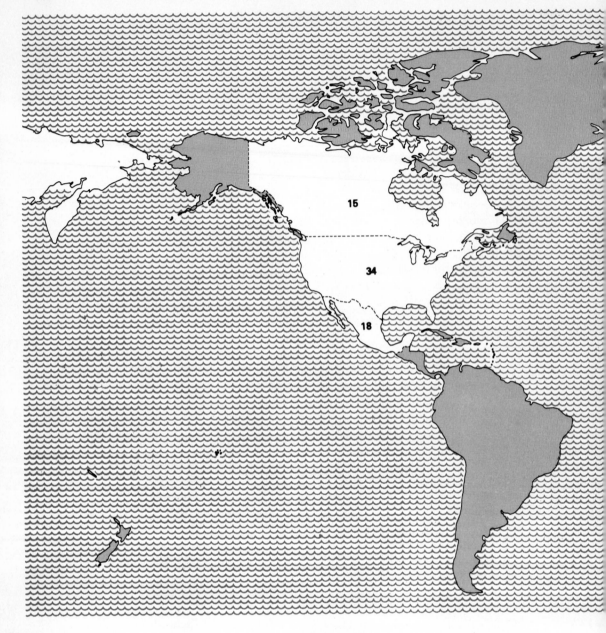

1. Afghanistan	8. Griechenland	15. Kanada
2. Ägypten	9. Indien	16. Libanon
3. Bangla Desh	10. Iran	17. Marokko
4. China	11. Italien	18. Mexiko
5. England	12. Japan	19. Niederlande
6. Frankreich	13. Jordanien	20. Österreich
7. Ghana	14. Jugoslawien	21. Pakistan

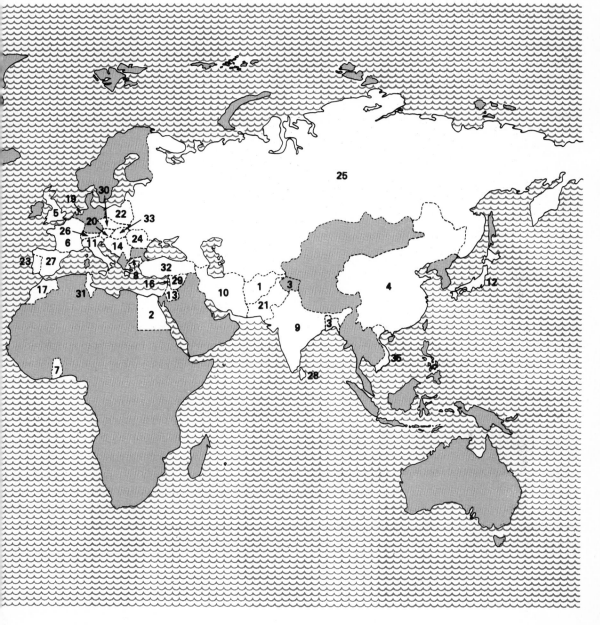

22. Polen
23. Portugal
24. Rumänien
25. Rußland (UdSSR)
26. Schweiz
27. Spanien
28. Sri Lanka

29. Syrien
30. Tschechoslowakei
31. Tunesien
32. Türkei
33. Ungarn
34. USA (Vereinigte Staaten von Amerika)
35. Vietnam

D   Vorurteile

Viele Deutsche haben immer noch Vorurteile gegen die Ausländer. Vorurteile gibt es aber in der ganzen Welt. Gegen wen oder was haben Leute Vorurteile?

1. Meine Eltern haben Vorurteile gegen _____.
2. Mein(e) Freund(in) hat Vorurteile gegen _____.
3. Ich habe Vorurteile gegen _____.
4. Teenager _____.
5. Erwachsene_____.
6. Meine Lehrer (Professoren)_____.
7. Mein(e) Nachbar(in)_____.
8. Unser Gouverneur_____.
9. Unser Bürgermeister_____.
10. Unser Präsident_____.
11. Die Freunde meiner Eltern_____.
12. ?

E   Psychologisches Spiel

Wie ist Ihr Verhältnis zu anderen Menschen? Sehen Sie die Bilder auf Seite 39 an und lesen Sie a, b, c, d und e! Wählen Sie einen oder zwei (nicht mehr) der Sätze (sentences) für jedes Bild! Zählen Sie Ihre Punkte zusammen, und lesen Sie danach unter Ihrer Gesamtpunktzahl (total points) Ihr Testergebnis! Entscheiden Sie bei jedem Bild:

a. Ich könnte mich mit ihm/ihr befreunden.
b. Ich könnte mich mit ihm/ihr interessant unterhalten.
c. Ich könnte mich mit ihm/ihr streiten.
d. Ich könnte mit ihm/ihr gar nichts anfangen.
e. Ich könnte mit ihm/ihr zusammenarbeiten.

BILD NUMMER

	1	2	3	4	5	6	7	8	9
a	6	7	4	3	5	10	9	2	1
b	5	6	3	4	7	9	8	10	11
c	4	5	6	7	10	14	12	3	2
d	1	2	7	8	6	12	10	4	3
e	7	8	1	2	4	5	6	9	10

Testergebnis

24–49	Punkte	Sie werden nicht gern mit Schwierigkeiten konfrontiert. Bei Spannungen *(tensions)* unter Ihren Mitmenschen halten Sie sich lieber zurück.
50–78	Punkte	Unangenehme Seiten Ihrer Mitmenschen nehmen Sie nur in Kauf *(put up with),* wenn die guten Seiten überwiegen *(prevail).*
79–101	Punkte	Sie nehmen jeden, wie er ist. Sie helfen nur, wenn Sie selbst ein Interesse am Wohl des Betreffenden *(person in question)* haben.
107–135	Punkte	Sie sind ein idealer Vermittler *(mediator)* in schwierigen Situationen.
136–161	Punkte	Sie sehen oft Schwierigkeiten, die andere Leute nicht sehen, und Sie helfen dann, die Probleme zu lösen *(solve).*

KAPITEL
FÜNF
Wie ein großer Vogel

Der Amerikaner Mike Harker hat das Drachenfliegen° in Deutschland populär gemacht. Er flog in fünfzehn Minuten von der Zugspitze ins Tal. (Die Zugspitze ist der höchste Berg Deutsch-

° hang-gliding (Drache = dragon, kite)

lands, 2 963 Meter hoch.) Um die Angst zu bekämpfen,° sang er   *control*

5 „In München steht ein Hofbräuhaus".[1]

Ein bißchen Angst ist immer dabei, wenn Menschen wie große Vögel fliegen. Trotzdem gibt es heute in Deutschland viele Drachenflieger. In mehreren Drachenflugschulen kann man das Fliegen lernen. Es gibt Kurse für Drachenflieger sogar in einer Volks-   *school for continuing*
10 hochschule° in Hessen.   *education*

Der Unterricht° ist wichtig, denn Drachenfliegen ist ein   *instruction*
gefährlicher Sport. Innerhalb von zwei Jahren sind in Europa fünfzehn Drachenpiloten tödlich verunglückt,° und viele andere   *fatally injured*
wurden schwer verletzt. Die meisten waren zu leichtsinnig,° oder   *careless*
15 sie wußten zu wenig über Drachen und Windverhältnisse.° Der   *conditions*
Drachen kann mit einer Geschwindigkeit° von etwa achtzig Stun-   *speed*
denkilometern fliegen. Geübte Flieger bleiben oft stundenlang in der Luft; der Weltrekord ist zehn Stunden. Mit dem Steuerbügel°   *steering bar*
kann der Pilot seinen Drachen steuern und die Geschwindigkeit
20 regulieren.

Drachenflieger sagen, daß der Sport nicht gefährlicher sei als Schilaufen. Aber viele Drachenflieger wollen zu hoch hinauf. Sie scheitern° wie einst Ikarus, der fliegende Mensch in der grie-   *fail*
chischen Mythologie. Er flog zu hoch, die Sonne verbrannte seine
25 Flügel, und er fiel ins Meer.

[1]This popular drinking song speaks facetiously of bravery and endurance, but not the kind needed for hang-gliding. . . .

    In München steht ein Hofbräuhaus, eins, zwei, g'suffa!
    Da läuft so manches Fäßchen aus, eins, zwei, g'suffa!
    Da hat so mancher brave Mann, eins, zwei, g'suffa!
    Gezeigt was er so vertragen° kann.   *endure*
    Schon früh am Morgen fing er an,
    Und spät am Abend hört' er auf,
    So schön ist's im Hofbräuhaus.

In München steht ein Hofbräuhaus

Cultural Note

Approximately 13.5 million Germans (one-fifth of the population) belong to more than 40,000 sports clubs. This shows the popularity of sports in the Federal Republic of Germany. In contrast to the United States, where schools sponsor most sports activities, in West Germany, private sporting clubs have that function. These clubs are organized under the German Sports Federation (**Deutscher Sportbund—DSB**), the largest voluntary and most influential organization for sports in German society. The largest member association is the German Football Federation (**Deutscher Fußball-Bund—DFB**) with over 3 million members, followed by the German Gymnasts Federation (**Deutscher Turner-Bund—DTB**) with over 2.5 million members. The federal government, the states (**Bundesländer**), and the municipalities assist the clubs with all sorts of financial and organizational help.

Sport is being regarded more and more as a preventive measure against "civilization diseases" (e.g., heart attacks, ulcers, obesity, stress, mental disorders, etc.). The campaign launched in 1970 with the slogan "**Trimm dich durch Sport**" (keep fit through sports) has turned into a very successful movement which other industrialized nations have imitated. Appeals, such as "**Lauf mal wieder**"! (try running again), "**Schwimm mal wieder**"! (try swimming again), have now reached the majority of people in the Federal Republic of Germany. An extensive publicity campaign constantly reminds the public of the importance of physical exercise. The emphasis is not on winning but on being involved, taking part, in physical activities.

Activities

A   Fragen über den Text

1. Wer hat das Drachenfliegen nach Deutschland gebracht?
2. Wie heißt der höchste Berg in Deutschland?
3. Wie viele Drachenflieger gibt es in Deutschland?
4. Wo kann man das Drachenfliegen lernen?
5. Ist Drachenfliegen ein gefährlicher Sport? Warum?
6. Wie schnell kann ein Drache fliegen?
7. Wie lange kann ein Drachenflieger in der Luft bleiben?
8. Was ist der Weltrekord?
9. Was tut der Pilot mit dem Steuerbügel?
10. Was ist mit Ikarus in der griechischen Sage geschehen?

B Sport und Musik

Make sentences by combining elements from these columns.

Joe Namath	spielt,	Golf
Pélé	spielte,	Trompete
Babe Ruth	spielen	Klavier
Bjorn Borg		Fußball
Pete Rose		Tennis
Jack Nicklaus		Baseball
Mein Vater		Gitarre
Liberace		amerikanischen
John Denver		Fußball
Meine Mutter		Trommel
Louis Armstrong		Basketball
Yehudi Menuhin		Karten
Mein(e) Freund(in)		Tischtennis
Unser(e) Lehrer(in)		Geige
Ich	spiele	Saxophon
?		Flöte
		Klarinette
		Baßgeige
		Oboe
		Handball
		Krocket
		Orgel
		?

C Was tun Sie gern?

Complete the following sentences by indicating what you (would) like to do.

1. Im Sommer _____.
2. Im Winter _____.
3. Wenn es regnet, _____.
4. Wenn es möglich ist, _____.
5. Wenn ich Zeit habe, _____.
6. Ich weiß nicht, wie man _____.
7. Abends _____.
8. Ich würde *(would)* gern lernen, wie man _____.
9. Wenn es schneit, _____.
10. Wenn ich viel Geld hätte *(had)*, würde ich _____.
    ?

D Persönliche Fragen

1. Welchen Sport spielen oder treiben Sie am liebsten?
2. Welchen Sport spielen oder treiben Sie am besten?
3. Spielen Sie lieber in einer Mannschaft *(team)* oder allein?
4. Haben Sie Sommer- oder Wintersport lieber? Warum?
5. Warum soll man Sport treiben?
6. Welchen Sportler (welche Sportlerin) bewundern *(admire)* Sie am meisten? Warum?
7. Wer hat es leichter, Sport zu treiben—Jungen oder Mädchen? Warum?
8. Glauben Sie, daß Sport in Amerika zu viel betont *(emphasized)* wird? Warum?
9. Sind Sie meistens Zuschauer *(spectator)* oder Teilnehmer *(participant)*? Warum?
10. Brauchen Sie das Element der Gefahr, wie zum Beispiel beim Rennfahren *(racing)*, Drachenfliegen, Fallschirmspringen *(skydiving)*, oder haben Sie ungefährliche Sportarten wie Angeln, Gymnastik, Golf oder Tischtennis lieber? Warum?

E Was glauben Sie?

*Give your opinions about the following sports by making sentences from both
columns A and B.*

A
1. Drachenfliegen
2. Segelfliegen
3. Bergsteigen
4. Schilaufen
5. Wasserschilaufen
6. Segeln
7. Schwimmen
8. Wellenreiten *(surfing)*
9. Wandern
10. Fallschirmspringen
11. Tauchen
12. Angeln
13. Rennfahren
14. Radfahren
15. ?

B
a. würde ich gern einmal versuchen.
b. macht mir Angst.
c. ist gesund.
d. ist mir zu gewagt *(risky)*.
e. sollte jeder einmal versuchen.
f. ist zu gefährlich.
g. interessiert mich überhaupt nicht.
h. ist zu langweilig.
i. überlasse *(leave to)* ich den
   Fischen.
j. ist ungesund.
k. werde ich nie in meinem Leben.
l. überlasse ich den Vögeln.
m. ist nur für reiche Leute.
n. ?

F Wie möchten Sie gern sein?

*Name the person or persons you would like to resemble and give your reasons.
You may use the persons suggested in column A and the personality traits in B,
or make up your own.*

Beispiel

Ich wäre gern *(would like to be)* wie A, denn er/sie ist (war) B.

A		B	
1.	Anwar Sadat	a.	talentiert
2.	Sigmund Freud	b.	reich
3.	Chris Evert Lloyd	c.	idealistisch
4.	Babe Ruth	d.	fleißig
5.	Marlene Dietrich	e.	optimistisch
6.	Beethoven	f.	elegant
7.	Helmut Schmidt	g.	gesund
8.	Albert Einstein	h.	klug
9.	Tracy Austin	i.	tapfer
10.	Ernest Hemingway	j.	realistisch
11.	Barbra Streisand	k.	populär
12.	Ronald Reagan	l.	mächtig
13.	Martin Luther King	m.	gut aussehend
14.	?	n.	?

G   Zwanzig Fragen

*Every student writes the name of a well-known personality (e.g., historical fig-
ure, actor, singer, politician, classmate, teacher, etc.) on a slip of paper. A leader
is selected who collects the slips and randomly selects one. The rest of the group
now tries to guess the identity of the person the leader has selected by asking
questions (e.g.,* **Ist er jung? Lebt er noch? Ist die Person eine Frau?** *etc.) The
game ends when a student correctly guesses the name of the personality (this
student then becomes the next leader), or when the leader has responded neg-
atively twenty times.*

KAPITEL
SECHS
Viele Wege zum Ziel

Claudia ist elf Jahre alt und besucht die fünfte Klasse einer Hauptschule. Eigentlich wollte sie auf die Realschule gehen, aber im
vierten Schuljahr war sie ziemlich schlecht in Deutsch, und die
Lehrer rieten° gegen den Schulwechsel. Sie wollte trotzdem ihr   *advised*
5 Glück versuchen und machte deshalb drei Tage lang mit neun anderen Schülern Prüfungen. Claudia und fünf andere mußten
wieder zurück auf die Hauptschule, denn die Prüfungsresultate
waren nicht gut genug. Jetzt plant sie, nach der sechsten Klasse
auf die Realschule zu gehen. Das will sie unbedingt° schaffen.   *definitely*
10 Viele Schüler in Deutschland sind in derselben Lage wie Claudia. Nach der vierten Klasse der Grundschule haben sie drei
Möglichkeiten. Sie können aufs Gymnasium, auf die Realschule

Beim Studium

oder auf die Hauptschule gehen. In der vierten Klasse machen die Schüler verschiedene Prüfungen. Diese Prüfungen sollen zeigen,
15 auf welche Schule der Schüler gehen sollte. Die Prüfungsresultate und die Empfehlungen° der Lehrer helfen den Eltern bei der *recommendations* Schulentscheidung.° Diese Entscheidung muß aber nicht *-decision* endgültig° sein. Zum Glück haben viele Schulen heutzutage die *final* Orientierungsstufe. Das heißt: Im fünften und sechsten Schuljahr
20 können die Schüler die Realschule oder das Gymnasium auspro- bieren und ohne Probleme wieder zurück zur Hauptschule, wenn sie die andere Schule zu schwer finden. Aber die Konkurrenz° in *competition* der Orientierungsstufe ist groß, und die meisten Schüler gehen dann doch in die alte Schule zurück.
25   Die Gesamtschule ist anders. Dort haben alle Schüler bis zum zehnten Schuljahr die gleichen Fächer zur Auswahl,° ähnlich wie *for selection* in einer amerikanischen „high school". Man muß erst mit sech- zehn entscheiden, ob man das Abitur[1] machen will oder nicht. Viele Schüler möchten deshalb auf eine Gesamtschule gehen. Aber
30 der Wohnort bestimmt oft, ob man eine Gesamtschule besuchen kann oder nicht. Gesamtschulen gibt es erst seit den siebziger Jah- ren in der Bundesrepublik, und manche Bundesländer haben nur wenige. In Baden-Württemberg, zum Beispiel, gibt es elf Gesamt- schulen, aber in Hessen gibt es 150. Die Gesamtschule ist eine *weder. . .noch:*
35 Alternative zu den drei traditionellen Schulwegen, wird sie aber *neither . . .* weder bald noch° leicht ersetzen.° *nor/replace*

Cultural Note

In contrast to the school system of the United States, the school system of the Federal Republic of Germany is very complex and offers many diverse options. German children must attend school from six to eighteen. From grades one to four, all chil- dren attend the primary school, called **Grundschule.** At the age of ten they must decide which secondary school to attend. They have a choice between the second-level primary school (**Hauptschule**), the intermediate school (**Realschule**), and the college preparatory school (**Gymnasium**).

    (1) The **Hauptschule** goes from grades five to nine. After the ninth grade, students can transfer to a technical school (**Facho- berschule**) for two years; or they can become commercial or industrial apprentices (**Lehrlinge**) for on-the-job training. They must, however, still attend a vocational school (**Berufsschule**) eight to twelve hours a week until they are eighteen. Here they receive instruction in general subjects as well as in subjects re- lated to their trade. After their usual three-year apprenticeship

[1]See Cultural Note 1.

period, they must pass a final examination to qualify as professional crafts- or tradesmen.

(2) The intermediate school **(Realschule)** has six grades and prepares young people for white-collar jobs in business, commerce or government. After graduating from the **Realschule** at age 16, the students can either enter an apprenticeship program while attending a **Berufsschule**, or attend a full-time vocational school, such as a **Berufsfachschule**. If students wish to continue their formal education, they can enter the **Gymnasialoberstufe** (grades 11–13) through a special school known as the **Aufbaugymnasium**.

(3) The nine-year course of study at a **Gymnasium** terminates with the **Abitur**. This lengthy examination is a requirement for admission to a university or similar institution **(Hochschule)**. The curriculum at a **Gymnasium** includes the study of natural and social sciences, German, religion, the arts, and at least two foreign languages.

Das Schulsystem in der Bundesrepublik Deutschland

Alter	Universität ↑				
	Abitur				
18	Oberstufe 3 Jahre	Berufs-fachschule	Berufs-schule und Lehre	Fachober-schule (2 Jahre)	Berufsschule und Lehre 3 Jahre
17					
16					
15					
14	Gymnasium 6 Jahre	Realschule 6 Jahre		Hauptschule 5 Jahre	
13					
12					
11	Orientierungsstufe				
10					
9	Grundschule 4 Jahre				
8					
7					
6					
5	Kindergarten				
4					

In the early 1970s a new experimental school came into existence, known as the **Gesamtschule**. There, all three types of secondary schools are combined. In the **Gesamtschule** the students are, therefore, not bound to one strict course of instruction, but can have a flexible schedule based on abilities and interests.

A Fragen über den Text

1. Welche Schule besucht Claudia jetzt?
2. Welche Schule möchte sie besuchen?
3. Warum mußte sie eine Prüfung machen?
4. Welche Schulmöglichkeiten hat ein deutscher Schüler nach der vierten Klasse?
5. Was entscheidet den Schulweg?
6. Warum gibt es die „Orientierungsstufe"?
7. Wie ist die Gesamtschule anders?
8. Warum können nicht alle deutschen Schüler eine Gesamtschule besuchen?

B Welche Schulen für welche Berufe?

From the information in the cultural note, decide which schools each of the people below would most likely have attended. (Keep in mind that, although these are the most direct paths, there are others a person can take to learn a certain profession or trade.) You will find the best answers on page 227.

Ich möchte _____ werden und besuche _____, _____,und _____.

Metzger	die Grundschule
Lehrer(in)	die Hauptschule
Feuerwehrmann	die Realschule
Rechtsanwalt("in)	das Gymnasium
Postbeamte(r) (-eamtin)	die Gesamtschule
Sekretär(in)	die Berufsschule und
Ingenieur	die Lehre
Bankangestellte(r)	die Universität oder
Automechaniker(in)	die Hochschule
Kaufmann	
?	

Gesucht: Ein Dach überm Kopf

Zu Beginn des Wintersemesters kampierten in Aachen hundertvier-
zig Studienanfänger in sieben Bundesbahn-Schlafwagen des
Aachener Westbahnhofs. Ihre Träume° von einer ruhigen Studen-   *dreams*
tenbude° verschwanden° im Lärm der Züge. Doch sie hatten es   *pad/disappeared*
5 noch gut! Fünfhundert andere Studenten im ersten Semester der
Technischen Hochschule suchten noch ein Dach über dem Kopf.
Die Zimmer und Wohnheime° der alten Kaiserstadt[1] waren schon   *dormitories*
lange voll besetzt.

    Aachen ist kein Einzelfall. Von Kiel bis Konstanz—die deutschen
10 Universitätsstädte sind überfüllt.

---

[1]Aachen is located near the borders of Belgium and Holland. Its cathedral contains the
grave of Charlemagne, king of the Franks, who in 800 A.D. formed the Holy Roman
Empire. German emperors were crowned in this cathedral from 936 to 1513.

Im Hörsaal der Universität

Beispiele

Tübingen: Rund° 20 000 der 74 000 Einwohner sind Studenten.   *about*
Dazu kommen in diesem Semester 3 000 neue Studenten. 5 000
Zimmer fehlen. Wohnheimplätze: 3 500.

Heidelberg: 25 000 Studenten. Rund 4 000 müssen täglich 25 Ki-
15 lometer zur Universität fahren.

Universität Bochum: Für 15 000 Studenten geplant. Heute hat die
Universität 28 000 Studenten. Nur 21 Prozent aller Studenten finden in der Stadt ein Zimmer.

Berlin: Rund 10 000 Studenten müssen in der geteilten Stadt
20 Wohnplätze finden. Für die 7 500 Wohnheimplätze gibt es Warte-
zeiten bis zu drei Jahren. Besonders akut ist die Notlage° der gro-   *plight*
ßen Zahl ausländischer Studenten (12 Prozent).

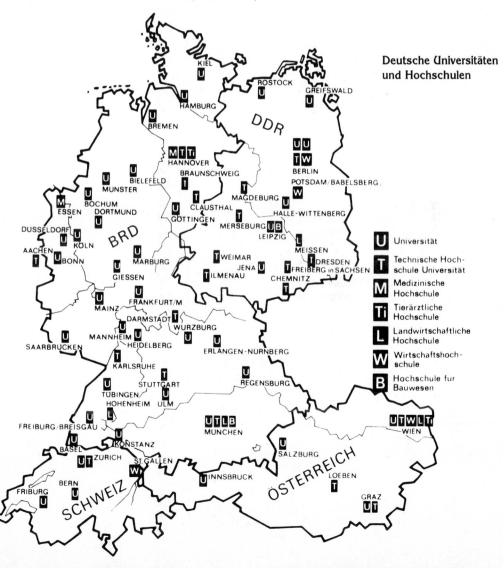

Deutsche Universitäten
und Hochschulen

U Universität

T Technische Hoch-
schule Universität

M Medizinische
Hochschule

Ti Tierärztliche
Hochschule

L Landwirtschaftliche
Hochschule

W Wirtschaftshoch-
schule

B Hochschule für
Bauwesen

Cultural Note

All universities in Germany are state universities. They are extremely crowded, especially in the fields of medicine, pharmacology, biology, architecture, and psychology. Therefore it has become necessary to restrict the number of students admitted to each field of study. Applicants to the university must compete for a very limited number of positions and are selected according to their grade-point average on the **Abitur**. Those with the highest grade points have the best chance to be admitted. Sometimes a tenth of a point decides whether or not one is admitted.

This highly competitive system has had some negative consequences on the **Gymnasium**. In the **Oberstufe** (grades 11–13) of the **Gymnasium** students are no longer expected to take ten to twelve required subjects every year. Instead, they choose areas of specialization called **Leistungskurse**. Because of the **numerus clausus** (selective admission based on grade-point average), students often choose **Leistungskurse** that will assure them the highest grade points on the **Abitur**. Educational leaders in Germany are very much concerned by these developments and are presently searching for ways to avoid this senseless competition in the **Oberstufe**.

Fremd-sprache mit Fremd-sprache	Fremd-sprache mit Deutsch	Fremd-sprache mit Mathematik	Fremd-sprache mit Naturwis-senschaft	Fremd-sprache mit Geschichte oder Sozialkunde (Politik) oder Erdkunde	Mathematik mit Deutsch	Mathematik mit Naturwis-senschaft	Mathematik mit Geschichte oder Sozial-kunde (Politik) oder Erdkunde	Natur-wissenschaft mit Naturwis-senschaft

Leistungskurse

Probleme

How would you solve the following problems?

1. Wenn man ein schlechtes Zeugnis bekommt,
  a. versteckt man es.
  b. weint man.
  c. spricht man mit den Lehrern.
  d. erklärt man es den Eltern.
  e. ?

2. Wenn man sich mit den Eltern streitet *(quarrel),*
   a. geht man auf sein Zimmer und schlägt die Tür zu.
   b. geht man spazieren.
   c. besucht man einen Freund (eine Freundin).
   d. läuft man weg.
   e. ?

3. Wenn man zu viele Hausaufgaben hat,
   a. kopiert man die Arbeit von den Freunden.
   b. macht man sie nicht.
   c. beschwert *(complain)* man sich.
   d. arbeitet man fleißig.
   e. ?

4. Wenn man sich mit seinen Freunden streitet,
   a. weint man.
   b. geht man nach Hause.
   c. kann man sich in der Schule nicht konzentrieren.
   d. schmollt *(pout)* man.
   e. ?

5. Wenn man kein Geld hat,
   a. bittet man die Eltern darum *(for it).*
   b. sucht man einen Job.
   c. verkauft man etwas.
   d. borgt man Geld von Freunden.
   e. ?

6. Wenn man etwas in der Schule nicht versteht,
   a. fragt man den Lehrer.
   b. fragt man die Eltern.
   c. fragt man andere Schüler.
   d. sucht man Erklärungen *(explanations)* in der Bibliothek.
   e. ?

7. Wenn Eltern sich streiten,
   a. verläßt man das Haus.
   b. ist man traurig.
   c. spricht man mit einem Freund (einer Freundin).
   d. spricht man mit dem Pfarrer.
   e. ?

8. Wenn man nichts zu tun hat,
   a. geht man schlafen.
   b. ruft man seine Freunde an.
   c. ißt man viel.
   d. macht man Dummheiten *(silly things).*
   e. ?

9. Wenn Freunde Drogen nehmen,
   a. macht man nichts.
   b. sagt man es den Eltern.
   c. geht man zur Polizei.
   d. versucht man, ihnen zu helfen.
   e. ?

10. Wenn man krank ist,
   a. bleibt man zu Hause.
   b. geht man zum Arzt.
   c. geht man zur Schule.
   d. beschwert man sich.
   e. ?

D Aus welchem Grund machen Sie das?

Below you will find a list of things people do frequently and reasons why they do them. Indicate why you might engage in some of these activities by choosing one of the options provided, or by making up your own.

A	B
1. Ich helfe anderen Leuten,	a. weil ich es gern tue.
2. Ich besuche meine Großeltern,	b. weil meine Freunde es tun.
3. Ich mache meine Hausaufgaben,	c. weil ich Angst habe.
4. Ich schreibe Klassenarbeiten,	d. weil ich muß.
5. Ich gehorche meinen Eltern,	e. ?
6. Ich ziehe mich elegant an,	
7. Ich sage die Wahrheit,	
8. Ich gehe in die Schule,	
9. Ich gehorche meinen Lehrern oder Professoren,	
10. Ich rauche,	
11. Ich gehe zur Kirche,	
12. Ich trinke Alkohol,	
13. Ich fahre zu schnell,	
14. ?	

E Wofür interessieren Sie sich?

Make original sentences by combining elements from each column.

Ich	interessiere mich für	Psychologie	und möchte	Psychiater	werden.
Mein(e) Freund(in)	interessiert sich für	Theologie		Arzt("in)	
Mein Bruder		Chemie		Ingenieur	
Meine Schwester		Mathematik		Künstler(in)	
?		Kunst		Musiker(in)	
		Kinder		Journal- ist(in)	
		Musik		Lehrer(in)	
		Fremdsprachen		Professor(in)	
		Geschichte		Politiker	
		Politik		Wissen- schaft- ler(in)	
		Computer			
		Geographie			
		Physik		Architekt(in)	
		Biologie		Tierarzt("in)	
		Tiere		Reisea- gent(in)	
		?		Kranken- pfleger(in)	
				Computer Techni- ker(in)	
				Pfarrer	
				?	

F   Fragen zum Nachdenken

1. In welchem Alter muß sich ein deutscher Schüler entscheiden, ob er später auf eine Universität gehen will?
2. Was wollten Sie werden, als Sie zehn Jahre alt waren? Haben Sie Ihre Meinung geändert? Wie oft?
3. Was wollen Sie jetzt werden? Stellen Sie sich vor *(imagine),* Sie leben in Deutschland! Welche Schulen müssen Sie für diesen Beruf besuchen?
4. Wie alt ist ein deutscher Schüler, wenn er mit dem Gymnasium fertig ist? Wie alt ist ein amerikanischer Schüler, wenn er mit der *high school* fertig ist?
5. Gibt es in Amerika Lehrlinge wie in Deutschland? Möchten Sie Lehrling sein? Warum oder warum nicht? Kennen Sie jemand, der Lehrling ist?
6. Gibt es in der amerikanischen *high school* auch eine Abschlußprüfung wie das Abitur? Was halten Sie von einer solchen Prüfung?
7. Welche Vor- oder Nachteile *(disadvantages)* hat das deutsche Schulsystem? das amerikanische Schulsystem?
8. Sind amerikanische Universitäten überfüllt? Warum oder warum nicht?
9. Ist es leicht, in einer amerikanischen Universitätsstadt eine Wohnung zu finden?
10. Was halten Sie vom *numerus clausus?*

Ja, ja, der Wein ist gut...

Was hatten Konrad Adenauer, Richard Wagner, Johann Wolfgang
von Goethe und Albert Einstein gemeinsam?° Sie tranken alle gern
den guten deutschen Wein. Schon seit hunderten von Jahren
bringt der deutsche Wein Dichtern,° Musikern, Philosophen, Po-
5 litikern und besonders Lehrern und Studenten Freude und Inspiration. Das zeigen die vielen Lieder über den Wein, zum Beispiel:

in common

poets

Wenn das Wasser im Rhein . . .

Lively Waltz

Wenn das Was - ser im Rhein gold - ner Wein wär, ja, dann möchte

ich so gern ein Fisch - lein sein. Ja, was könnte ich dann sau - fen, bräuch-te

kei - nen Wein zu kau - fen, denn das Faß vom Va - ter Rhein wird nie - mals leer.

58

Die Deutschen trinken mehr Wein als die Amerikaner. Der „Durchschnittsdeutsche"° trink ungefähr° zehnmal so viel Wein im Jahr wie der „Durchschnittsamerikaner". Man trinkt Wein beim Essen, aber auch zwischen den Mahlzeiten,° nachmittags oder abends gemütlich mit Freunden zu Hause oder im Gasthaus.°

average German
approximately

meals
restaurant

In Deutschland gibt es elf Weinbaugebiete:° Die bekanntesten sind das Rheinland (Rheinhessen, Rheingau, die Rheinpfalz und der Mittelrhein), Baden, die Mosel (mit den Nebenflüssen° Saar und Ruwer) und das Frankenland.

wine-growing regions

tributaries

Rheinwein wird in langhalsigen° braunen Flaschen verkauft, Moselwein in langhalsigen grünen Flaschen. Frankenwein kauft man in einer besonderen Flasche, dem Bocksbeutel.

long-necked

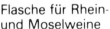
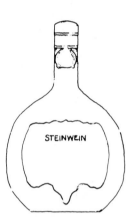

Flasche für Rhein-
und Moselweine

Bocksbeutel

Besonders bekannt sind deutsche Weißweine, aber es gibt auch Rotweine.

Viele Deutsche glauben, daß ein Gläschen Wein gut für die Gesundheit sei. Sie betrachten° den Wein als ein Geschenk° Gottes. Der erste Schluck° ist zeremoniell. Man hebt das Glas aus feinem Kristall und bewundert° die klare Farbe des Weines. Wenn man mit Freunden trinkt, stößt man an° und sagt „zum Wohl", „Prost" oder „Prosit". Dann genießt° man das Aroma (die Blume) des Weines. Zuletzt° nimmt man einen kleinen Schluck und läßt ihn langsam über die Zunge° laufen. Mhmmmmm! Das schmeckt wunderbar!

look at/gift
sip
admires
clink glasses
enjoys
at last
tongue

Flensburg
Schleswig
Kiel
Friedrichstadt
Rostock
Lübeck
Cuxhaven
Mölln
Stade
Hamburg
Norden
Jever
Stettin (Szczecin)
Emden
Hinte
Oldenburg
Bremen
Lüneburg
Frankfurt/Oder
Meppen
Dinklage
Celle
Freren
Berlin
Hannover
Bentheim
Braunschweig
Osnabrück
Alfeld
Magdeburg
Havixbeck
Goslar
Münster
Einbeck
Nordkirchen
Northeim
Gemen
Wiedenbrück
Dortmund
Essen
Soest
Leipzig
Düsseldorf
Altena
Kassel
Erfurt
Korbach
Köln
Melsungen
Rudelsburg
Moritzburg
Bruxelles
Wartburg
Kriebstein
Aachen
Dresden
Veynau
Bonn
Karl-Marx-Stadt (Chemnitz)
Mittelrhein
Marburg
Ahr
Lahnstein
Eltz
Katz
Limburg
Münzenberg
Mosel
Diez
Büdingen
Coburg
Kaub
Ehrenfels
Frankfurt
Plassenburg
Beilstein
Rheingau
Kulmbach
Nahe
Rhein-hessen
Würzburg
Luxembourg
Franken
Saarbrücken
Nürnberg
Amberg
Zwingenberg
Metz
Trifels
Rothenburg
Regensburg
Heidelberg
Comburg
Wimpfen
Dinkelsbühl
Prunn
Besigheim
Asperg
Württemberg
Harburg
Strasbourg
Stuttgart
Nördlingen
Trausnitz
Passau
Hohenzollern
Lichtenstein
Augsburg
Burghausen
Kaiserstuhl
Baden
Werenwag
München
Tittmoning
Freiburg
Wasserburg
Salzburg
Bodensee
Hohentwiel
Meersburg
Waldshut
Lindau
Neuschwanstein
Hohenschwangau
Mittenwald
Zürich

Amsterdam

Weingebiet　　🍺 Bier　　● Malerisches Stadtbild　　⚑ Burg
　　　　　　　　　　　　　　　　(Picturesque Town)

Deutscher Wein, deutsches Bier, und deutsche Burgen

Bei der Weinernte

Reading Hints

Many German words resemble English ones. Sometimes they are words of Germanic origin which have remained from the Germanic ancestor language of both English and German, such as **die Hand, der Finger, der Name, der Wind, der Winter, der Arm, der Sand, der Wolf, warm, bitter,** etc. Sometimes they are words of Greek or Latin origin which entered both languages, such as **die Nation, die Natur, die Mathematik, die Kultur, das Prinzip, das Telefon, spezial,** etc. Or they might be English words which have been taken into the German vocabulary, for instance, **die Shorts, das Camping, der Revolver, der Toast, die Public Relations, der Pullover,** or German words which have been accepted into English, for instance, **das Sauerkraut, der Kindergarten, der Ersatz, der Blitzkrieg, der Volkswagen.**

While the spelling of these words often differs somewhat, and their meanings are at times not identical, they are usually close enough to provide clues to word meaning. A few exceptions do exist, of course (such as **das Gift** which means **poison** in German, or **bald** which means **soon**), but these "false friends" will be pointed out, if they occur. Can you guess the English meaning of the following German words?

1. die Differenzierung	7. das Kristall
2. der Musiker	8. die Universität
3. die Politik	9. zeremoniell
4. die Konferenz	10. fein
5. die Philosophie	11. beginnen
6. der Tourismus	12. der Onkel

Take a German newspaper or magazine and make a list of all cognates or near-cognates you encounter in an article. You will be amazed how many meanings you can guess by looking for word similarities. To build your vocabulary keep a list of cognates or near-cognates in your readings.

Cultural Note

How To Read a German Wine Label: In 1970 wine labeling laws were tightened. Every label gives at least the information shown in the label below.

The region from which the wine comes. (There are 10 others.)

Refers to quality of wine. There are three quality categories: Tafelwein (inexpensive table wine), Qualitätswein (wine of medium quality), and Qualitätswein mit Prädikat (quality wine with distinction, a better quality wine).

Official quality testing number, given by the government to wines passing rigid examination. Found only on Qualitätswein and Qualitätswein mit Prädikat.

The vintage or year when the wine was made.

The name of the wine, consisting usually of the village from which the wine comes (here Nierstein) and the vineyard where the grapes were grown (here Bildstock).

Variety of grape (e.g., Silvaner, Riesling, Müller-Thurgau, or Rulander). The term Auslese (or Spätlese, Beerenauslese, Trockenbeerenauslese, or Eiswein) tells us that the wine is made from specially selected grapes which have been picked after the regular harvest.

RHEIN- HESSEN

Qualitätswein mit Prädikat
Amtliche Prüfungsnummer 4 382 130 / 5 77
1976er
Niersteiner Bildstock
Silvaner Auslese
Weingut Günter Perch
NIERSTEIN AM RHEIN · ABTSGASSE 3 · TELEFON 06133/5100

Activities

A Fragen über den Text

1. Was hatten Goethe und Einstein gemeinsam?
2. Worüber singen die Deutschen?
3. Wie heißen zwei Nebenflüsse der Mosel?
4. Welcher Wein ist bekannter—der deutsche Weißwein oder der deutsche Rotwein?
5. Welchen Wein kauft man in „Bocksbeuteln"?
6. Was sagt man, wenn man mit Freunden beim Trinken anstößt?
7. Wer trinkt mehr Wein, der Deutsche oder der Amerikaner?
8. Wann trinkt man gewöhnlich Wein?
9. Wie heißen die bekanntesten Weinbaugebiete in Deutschland?
10. Glauben Sie, daß Wein gut für die Gesundheit ist? Warum? Warum nicht?
11. Möchten Sie ein Fisch sein, wenn das Wasser im Mississippi Wein wäre?

B Richtig oder falsch?

Correct the sentence if the information provided is incorrect.

1. Die Amerikaner trinken mehr Wein als die Deutschen.
2. Deutsche Studenten trinken gern Wein.
3. Alle deutschen Weine sind in den gleichen Flaschen.
4. Man trinkt nur Wein beim Essen.
5. Deutsche Weißweine sind bekannter als deutsche Rotweine.
6. Moselwein kauft man in grünen Flaschen.

C Können Sie ein Etikett *(label)* lesen?

Look at the wine labels above and answer the questions.

1. Sie möchten einen sehr guten Wein kaufen. Welchen Wein kaufen Sie?
2. Sie haben nicht viel Geld, aber Sie trinken trotzdem gern Wein. Welcher Wein ist wahrscheinlich am billigsten?
3. Sie möchten gern einen Moselwein von mittlerer Qualität. Welchen Wein kaufen Sie?
4. Sie trinken gern Rheinwein. Welchen Wein kaufen Sie?
5. Wie heißt ein billiger Moselwein?
6. Wie alt ist der „Piesporter Michelsberg"?

D Bekannte Deutsche

Finden Sie die passende (appropriate) *Beschreibung für jede Person! (Wenn Sie die Antworten nicht wissen, sehen Sie in einer Enzyklopädie nach!)*

1. Konrad Adenauer	**a.** Bibelübersetzer *(-translator)* und Urheber *(founder)* der protestantischen Reformation
2. Martin Luther	
3. Ludwig van Beethoven	

4. Johannes Gutenberg
5. Johann Wolfgang von Goethe
6. Albrecht Dürer
7. Gebrüder Grimm
8. Adolf Hitler
9. Albert Einstein
10. Helmut Schmidt

b. deutscher Komponist
c. „Führer" im Dritten Reich
d. bekannter deutscher Maler
e. Märchensammler *(collectors of fairy tales)*
f. deutscher Physiker *(Nobel Preisträger)*
g. bekannter deutscher Dichter
h. erster Kanzler *(chancellor)* der Bundesrepublik
i. Erfinder *(inventor)* der Druckerpresse *(printing press)*
j. Bundeskanzler

E Was trinkt man in der Bundesrepublik?

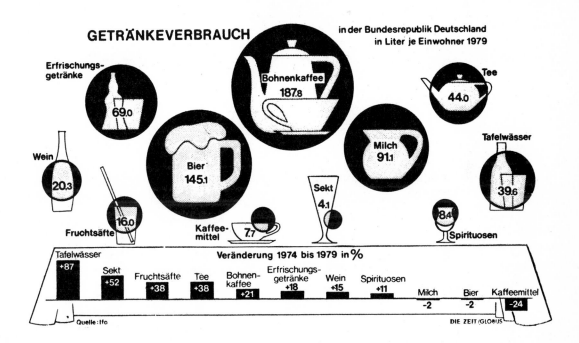

1. Welches Getränk ist das Lieblingsgetränk der Bundesdeutschen?
2. Wie viele Liter Tafelwasser (Mineralwasser) trinkt der Durchschnittsdeutsche im Jahr?
3. Trinkt man in Deutschland mehr Bier oder mehr Wein?
4. Was ist ein Erfrischungsgetränk? Nennen Sie ein Beispiel!
5. Wann (bei welcher Gelegenheit) trinkt man Sekt *(champagne)?*
6. Trinken die Deutschen heute mehr oder weniger Bier als 1974?

7. Die Deutschen trinken heute viel mehr Wasser als 1974. Warum?
8. Was trinken Sie am liebsten?
9. Welches Getränk ist das Lieblingsgetränk der Amerikaner?
10. Trinkt man in Amerika auch so viel Tafelwasser wie in der Bundesrepublik?

Zu jedem Getränk das richtige Glas

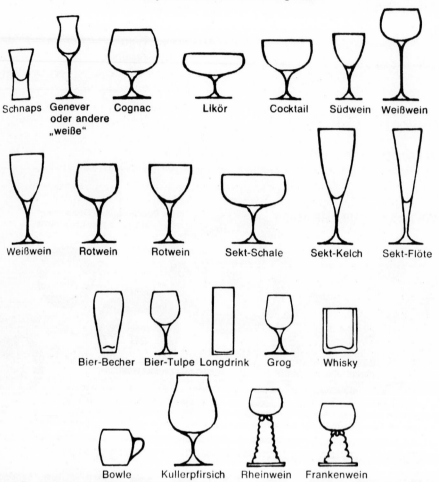

| Schnaps | Genever oder andere „weiße" | Cognac | Likör | Cocktail | Südwein | Weißwein |

| Weißwein | Rotwein | Rotwein | Sekt-Schale | Sekt-Kelch | Sekt-Flöte |

| Bier-Becher | Bier-Tulpe | Longdrink | Grog | Whisky |

| Bowle | Kullerpfirsich | Rheinwein | Frankenwein |

F Rot- oder Weißwein?

Sie haben Gäste zum Essen. Welchen Wein servieren Sie? Eine einfache Regel
(rule) *sagt: Zu dunklem Fleisch (z. B. Rind, Hammel, Wild) serviert man roten*
Wein; zu hellem Fleisch (z. B. Geflügel, Schwein, Kalb), Fisch, Wurstaufschnitt
(cold cuts), *Eierspeisen und zum Nachtisch serviert man weißen Wein.*

Beispiel
Es gibt Hähnchen, Nudeln und Karottensalat. Sie servieren *Weißwein.*

1. Es gibt Rinderbraten, Kartoffeln und Kopfsalat. Sie servieren _____.
2. Es gibt Aufschnitt *(cold cuts)* und Brot. Sie servieren _____.
3. Es gibt Fisch, Kartoffeln und gemischten Salat. Sie servieren _____.
4. Es gibt Sauerbraten, Klöße und Rotkohl. Sie servieren _____.
5. Es gibt Schweinekoteletts, Reis und Bohnen. Sie servieren _____.
6. Es gibt Kalbsbraten, Nudeln und Erbsen. Sie servieren _____.
7. ?

G Marktforschung

Gehen Sie in die Weinabteilung (wine department) *eines Supermarkts oder in ein Spezialgeschäft und machen Sie eine Marktforschung* (consumer research) *über alle deutschen Weine, die Sie finden. Dann beantworten Sie die folgenden Fragen.*

1. Finden Sie mehr deutsche Weißweine oder Rotweine?
2. Finden Sie mehr Tafelweine, Qualitätsweine oder Qualitätsweine mit Prädikat?
3. Finden Sie mehr Rhein-, Mosel- oder Frankenweine?
4. Wieviel kosten deutsche Weine im Vergleich *(in comparison)* zu amerikanischen Weinen? Sind sie im allgemeinen *(in general)* teurer oder billiger?
5. Kosten ältere Weine mehr als jüngere Weine?
6. Wie heißt der älteste deutsche Wein?
7. Wie heißt der teuerste deutsche Wein?
8. Wie heißt der billigste deutsche Wein?
9. Wie hoch ist der Alkoholgehalt *(alcohol content)* von deutschen Weinen? Vergleichen Sie den Alkoholgehalt von deutschen und amerikanischen Weinen!
10. Wo sind die bekanntesten Weinbaugebiete in Amerika?
11. Machen Sie eine Liste von amerikanischen Weinen, die deutschklingende *(German-sounding)* Namen haben.

Jahr-gang	Most-ertrag Mio. hl	Besonderheiten
1971	6,0	Außerordentlich günstiges Weinklima. Großartiger Jahrgang mit feinen Spitzenweinen.
1972	7,5	Weniger günstige Witterung. Mittlerer Qualitätswein-Jahrgang. Weine herzhaft und kernig.
1973	10,7	Warmer Sommer. Reintönige, harmonische Weine. Viel Prädikatsweine.
1974	6,8	Regenreicher Herbst. Ausdrucksvolle, kräftige, säurebetonte Qualitäts- und Kabinettweine.
1975	9,2	Günstiger Witterungsverlauf. Reife, ausdrucksvolle Prädikatsweine.
1976	8,7	Außergewöhnlich günstiges Weinjahr. Erlesene Prädikats- und Spitzenweine. In den meisten Gebieten bester Jahrgang des Jahrzehnts.
1977	10,4	Weniger günstige Witterung. Überwiegend frische, nachhaltige Qualitätsweine.
1978	7,3	Kühler Sommer, warmer Herbst. Herzhafte, frische Weine mittlerer und gehobener Qualität.
1979	8,2	Starke Winterfröste, danach ausgewogene Witterung. Feinfruchtige Kabinett-Weine und Spätlesen.
1980	4,3	Verregnete Blüte. Überwiegend ansprechende, leichte Qualitätsweine. Etwa 1/3 Prädikatsweine – vorwiegend der Kabinett- und Spätlese-Stufe.

Jahrgangs-Bericht für Weinfreunde

Alkohol ist Nr. 1

Der Haschisch-Joint ist „out"—die Bierflasche ist „in". Diesen
Trend sehen die Drogenspezialisten der Jugendämter.° Für viele   *government offices concerned*
Jugendliche ist der Alkohol die Droge Nr. 1, und sogar alkohol-   *with youth affairs*
kranke Kinder sind keine Seltenheit° mehr. In Radio, Fernsehen   *rarity*
5 und Presse spricht man zur Zeit sehr viel über das Problem Alkohol. 4 Prozent der 14 bis 29 Jahre alten Männer sind alkohol-
gefährdet (d.h. sie sind fast schon Alkoholiker). Bei den Frauen
sind es 1 Prozent.
   Die Jugendlichen folgen dem Beispiel der Erwachsenen. Der
10 Alkoholkonsum steigt immer mehr. Nach der Statistik trinkt jeder
Bundesbürger im Jahr 588 Glas Bier, 34 Flaschen Wein und 11
Flaschen Branntwein.° Vorbilder°—auch für die Erwachsenen—   *brandy/models*
sind die Fernseh-Serien-Helden. Western-Stars und Krimi-Helden
zeigen immer wieder, wie ein richtiger Mann seinen Durst löscht:°   *quenches (thirst)*
15 mit Alkohol. In fast jedem Fernsehfilm wird Alkohol getrunken.
Darum hat der Alkohol auch immer noch ein positives Image. In
der Werbung° sind Alkoholtrinker immer fröhliche, lustige Leute.   *advertising*
Die Jugendlichen sehen fast nur diese schlechten Vorbilder. Sie
verdrängen mit dem Alkohol ihre Probleme. Aber die Sorgen° wer-   *worries*
20 den in Wirklichkeit mit Alkohol oft schlimmer als besser. Nur sehr
wenige Leute halten den Alkohol für eine „echte Droge". Wer
Haschisch raucht, ist in der Meinung der meisten Leute ein „Ver-
brecher".° Wer viel Alkohol verträgt, ist ein „ganzer Kerl".°   *criminal/tough guy*
   Die Alkoholindustrie verdient dabei gut—und der Staat auch. Er
25 bekommt pro Jahr etwa 5 Milliarden Mark an Alkoholsteuern.° In   *-taxes*
der Bundesrepublik gibt es 18 Beratungsstellen° für Alkoholkranke.   *counseling centers*
Der Staat zahlt für die Beratung im Jahr 3,5 Millionen Mark. . . .

Adapted from *Scala,* Nr. 3, Juni 1980.

H Diskussion

1. Der Alkoholkonsum ist ein Problem in allen westlichen Ländern. Warum?
2. Sollten Minderjährige *(minors)* alkoholische Getränke kaufen dürfen? Warum?
   Warum nicht?
3. In welchem Alter sollten junge Leute alkoholische Getränke kaufen dürfen?
   Erklären Sie Ihre Meinung.
4. Glauben Sie, daß das Fernsehen etwas mit dem wachsenden *(increasing)*
   Alkoholkonsum zu tun hat? Erklären Sie Ihre Meinung.
5. Glauben Sie, daß Alkohol eine Droge ist? Warum? Warum nicht?
6. Ist Alkoholismus eine Krankheit? Warum? Warum nicht?

KAPITEL
ACHT
Technik 2000

In den letzten 150 Jahren verdoppelte° sich das Wissen der Menschheit alle zwölf bis fünfzehn Jahre. Das bedeutet, die Menschheit wußte im Jahr 1930 viermal so viel und im Jahr 1960 sechzehnmal so viel wie im Jahr 1900. Im Jahr 2000 wird das Wissen mindestens hundertmal so groß sein wie im Jahr 1900.

Auch in Deutschland, einer der technisch führenden Nationen der Erde, plant man für die Zukunft.° Zukunftsforscher° arbeiten an verschiedenen technischen Wundern: Autos mit Elektromotoren, die ein Computer automatisch zum Ziel° fährt; Züge, die schneller als der Schall° sind, und Häuser, die man mit Sonnenenergie heizt.° Andere wollen die Welt verschönern. Architekten planen freundliche Städte, und Wissenschaftler° arbeiten für reine Luft und sauberes Wasser. Energie ist auch ein Problem der Zukunft, und die Forscher verlassen sich° immer mehr auf Atomkraftwerke.°

doubled

future/-researchers

goal
sound
heats
scientists

depend on/nuclear power plants

Astronautenkandidaten der Bundesrepublik

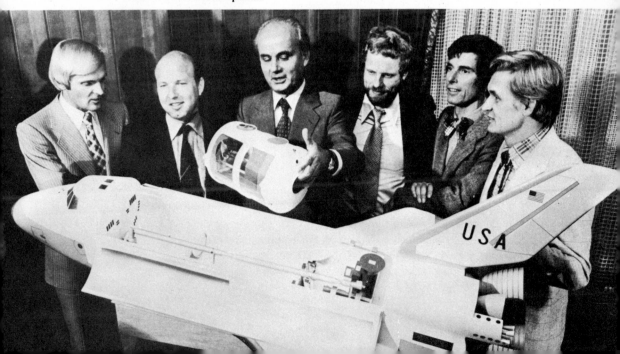

Satellite booster built by ESOC.

ESOC (European Space Operations Centre), das europäische Operations-Zentrum für Weltraumforschung in Darmstadt, überwacht° die Arbeit der Europa-Satelliten. Diese Satelliten sind
20 nicht nur Wettersatelliten. Einige suchen sogar auch nach Bodenschätzen° in der Erde. Andere übertragen° Fernsehsendungen oder Telefongespräche, oder sie helfen Seeleuten bei der Navigation. „Spacelab", das erste Weltraum-Laboratorium Europas, wurde in Bremen gebaut, und die BRD trägt 50 Prozent der Kosten.
25 Nach dem 1983 geplanten Start von Cape Kennedy (USA) wird es auch nach Darmstadt Signale senden. Vielleicht ist ein Gruß auf deutsch dabei, denn im „Spacelab" sitzt wahrscheinlich der erste Astronaut aus der Bundesrepublik.

Sogar auf der Nordsee plant man für die Zukunft. Auf Plattfor-
30 men im Meer suchen Forscher nach Erdöl. Heute ist die Nordsee nach Saudiarabien der zweitgrößte Öllieferant° der Bundesrepublik. Auch im Bodensee wird jetzt nach neuen Energiequellen gesucht. Der Grund des Bodensees ist das einzige Gebiet in Mitteleuropa, das geologisch unerforscht ist.

supervises

mineral resources/transmit

oil supplier

Öl-Lieferant Nordsee
Anteil an der deutschen Rohöleinfuhr

2 %
1976

9 %
1978

18 %
1980
Januar-Mai

Reading Hint

Much of the vocabulary related to science and technology is similar in German and English. You will, therefore, readily recognize these words, even though their pronunciations differ. Here are several examples, including some from this reading passage:

der Computer, der Satellit, der Planet, das Atom, die Bombe, der Roboter, die Energie, die Elektrizität, der Motor, die Kabine, die Turbine, der Generator, der Propeller, das Radio, das Telegramm, die Maschine, die Industrie, usw.

Cultural Note

For many years oil has been the main source of energy in West Germany. The Federal Republic must, however, import most of its oil from the Middle East. The government is therefore promoting not only the mining of hard coal, but also the building of nuclear power reactors. In 1979 three new nuclear power plants (**Kernkraftwerke**) went into operation, bringing the number of operating nuclear power plants to 14. They supply 14.3 percent of West Germany's electricity, or 3.4 percent of its primary energy. Eleven more plants are under construction. But work on several has been suspended or delayed by court order because of negative public reaction.

By comparison, France has 18 plants in operation, 29 under construction, 11 more projected, and intends to meet half its electricity needs from domestic nuclear power plants by 1985.

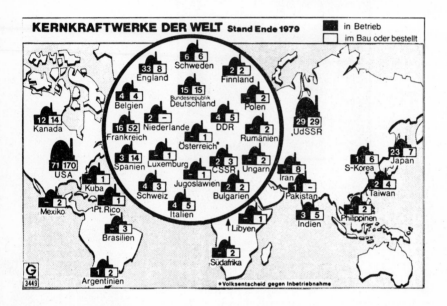

Activities

A Fragen über den Text

1. Wie oft verdoppelt sich das Wissen der Menschheit?
2. Woran arbeiten die Zukunftsforscher?
3. Wie wollen Architekten und Wissenschaftler die Welt verschönern?
4. Warum verlassen sich die Forscher immer mehr auf Atomkraftwerke?
5. Was ist ESOC? Wo ist es? Welche Funktion hat es?
6. Was sind die Aufgaben der Satelliten?
7. Was ist „Spacelab"? Wieviel Prozent der Kosten trägt die Bundesrepublik dafür?
8. Wonach suchen Forscher in der Nordsee?
9. Welches Land ist der größte Öllieferant der BRD?
10. An welche Länder grenzt der Bodensee?

B Prioritäten der Zukunft

Below you will find a list of some problems of the future. Rank them in order of importance by placing the numbers 1–11 in the spaces provided.

Man sollte . . .

a. _____ die Gefahr eines Weltkrieges eliminieren.

b. _____ bessere und moderne Verkehrsmittel bauen.

c. _____ die Wüste *(desert)* fruchtbar machen.

d. _____ die Welt verschönern.

e. _____ Zivilisationskrankheiten wie Krebs *(cancer)* und Herz- und Kreislaufs-
krankheiten *(circulatory-)* bekämpfen.

f. _____ die ganze Sonnenenergie nutzbar *(usable)* machen.

g. _____ das menschliche Leben verlängern.

h. _____ Arbeitsbedingungen *(-conditions)* und Sicherheit *(safety)* am Arbeitsplatz verbessern.

i. _____ Bevölkerungsprobleme *(population problems)* lösen.

j. _____ nach Nahrungsmitteln im Meer suchen.

k. _____ nach neuen Energiequellen *(-sources)* suchen.

l. _____ ?

Schießt die Lehrer auf den Mond! – Aber nicht erst im Jahr 2000...

C Richtig oder falsch?

*If you do not agree with a statement, explain why
and restate it so that it expresses your opinion.*

1. Häuser, die man mit Sonnenenergie heizt, sind unpraktisch.
2. Man sollte mehr Atomkraftwerke bauen.
3. Die Jugend von heute weiß zweimal soviel wie ihre Eltern.
4. Züge, die schneller als der Schall fahren, sind gefährlich.
5. In der Zukunft wird das Leben besser sein.
6. In der Zukunft wird man seinen Urlaub auf den Planeten verbringen können.
7. In der Zukunft werden Schüler von Computern unterrichtet.
8. Es lohnt sich nicht *(it is not worthwhile)*, die Wüste zu bewässern.
9. In der Zukunft werden viele Menschen länger als 100 Jahre leben.
10. In der Zukunft werden Menschen nicht mehr arbeiten müssen, weil die Arbeit
von Robotern gemacht werden wird.

D   Wovon träumen Sie?

*Tell what you and others are planning to do in the future by combining ele-
ments from both columns. Start each sentence with*

In der Zukunft . . .

A

werden Schüler/Studenten
wird mein Bruder
werde ich
wird mein(e) Freund(in)
wird meine Schwester
werden viele Leute
möchte jeder Arbeiter
will keine Frau
sollen alle Kinder
?

B

heiraten.
viel Geld verdienen.
ledig *(single)* bleiben.
viel reisen.
den Mond besuchen.
(keine) Kinder haben.
fliegen lernen.
berühmt *(famous)* sein.
eine Fremdsprache lernen.
an den olympischen Spielen teilneh-
    men.
ein Buch schreiben.
Lehrer (Arzt, Astronaut, Polizist,
    Pilot, usw.) werden.
?

Moderne Landschaft

E   Fragen zum Nachdenken

1. Wie viele Atomkraftwerke gibt es in Ihrem Staat? in ganz Amerika? in
   Südamerika? in Europa? in Australien? in Asien? in Afrika?
2. Welche anderen Energiequellen gibt es in den Vereinigten Staaten?
3. Welche Energiequellen werden jetzt am meisten benutzt *(used)*?
   Welche Energiequellen gebrauchen Sie zu Hause? Wofür?
4. Glauben Sie, daß Atomkraftwerke gefährlich sind? Würden Sie in der Nähe
   eines dieser Werke wohnen wollen? Glauben Sie, daß Atomkraftwerke der Natur schaden *(harm)*? Wie?
5. Wie kann man Energie sparen? Wo sparen Sie Energie? Wie?

KAPITEL

NEUN

Vom Coca-Cola- zum Fernseh-Imperialismus?

Was würden Sie wählen, wenn Sie etwas „typisch"° Amerikanisches in die ganze Welt exportieren könnten? *„Hamburgers"*? Jazz? Die Ideale der amerikanischen Demokratie? Baseball? Autokinos? Popcorn? Ketchup?

5   Es gibt schon ein amerikanisches Produkt, das man praktisch in der ganzen Welt kaufen kann: Coca-Cola. Ob Sie jetzt in Bonn (BRD), in Kairo (Ägypten), in Lagos (Nigeria), in Canberra (Australien) oder in Tokyo (Japan) sind, Sie werden nicht verdursten,° denn überall gibt es „Cola".

10   Coca-Cola ist natürlich nicht der einzige° Exportartikel der Vereinigten Staaten. Wenn Sie in der Bundesrepublik einkaufen, fühlen Sie sich fast wie zu Hause: In der Drogerie[1] gibt es *Old Spice* Rasierwasser und *Q-tips* Wattestäbchen; „männliche"° Männer rauchen *Camel* Zigaretten; im Supermarkt oder im Le-

15 bensmittelgeschäft gibt es *Dash* Waschmittel und *Maxwell* Kaffee; wenn Sie zu viel *Jim Beam* Whiskey getrunken haben, können Sie *Alka Seltzer* nehmen; im Kaufhaus oder im Modegeschäft können Sie *Wrangler* Jeans und *Playtex* Büstenhalter° kaufen; für Ihren Opel (von *General Motors*) kaufen Sie *Goodyear* Reifen;° und Sie

20 tanken natürlich *Texaco* Benzin; usw.

Sogar ganze Institutionen hat Amerika exportiert, zum Beispiel *Woolworth* Kaufhäuser (wo man preiswerte° Waren aus der ganzen Welt kaufen kann) und *Holiday Inn* Hotels.

---

[1]While **Drogerie** is translated as *drugstore,* you cannot buy prescription medicine there, nor will you find a soda fountain or lunch counter. For prescription medicine you have to go to the *pharmacy* (**die Apotheke**).

typically

die from thirst

sole

masculine

brassieres

tires

inexpensive

Es stört° wenige Hausfrauen, wenn sie eine Dose° *DelMonte*   *bothers/can*
25 Pfirsiche oder einen Lippenstift von *Helena Rubinstein* kaufen,
daß sie die amerikanische Wirtschaft unterstützen.° Aber mehr und   *support*
mehr Deutsche fürchten° nicht den Import von US Waren, son-   *fear*
dern den „Kulturimperialismus"—den Import von amerikanischen Ideen, von amerikanischer „Kultur" in Fernsehprogram-
30 men und Filmen. Die Krimi-Helden° Rockford, Petrocelli,   *heroes of detective stories*
Columbo und Kojak sind auch in der Bundesrepublik beliebt. Auch
Lou Grant und die Waltons kann man sehen. Dann gibt es *Die
Straßen von San Franzisco, Dallas* und *Sesam Straße*. Sogar
Bugs Bunny und die *Muppets* sprechen Deutsch!
35 Ist dieser Export der US Film- und Fernsehindustrie eine Art
Kulturimperialismus? Exportieren die Amerikaner mit Fernsehpro-
grammen und Filmen die Moral des Wilden Westens, Kriminalität
und Aggressivität?

Cultural Note

American influence can be detected not only in US products, TV
and film programs available abroad, but also in words and
expressions of English and American origin which have infiltrated
the German language and which are often used by educated
German speakers. This influx of anglicisms and Americanisms
has been specially noticeable since 1945, the end of World War

II. Often these terms express a particular concept which cannot be easily translated into German. Here are some examples:

die Public Relations	der Job	der Gangster
der Trend	der Playboy	das Show Business
das Teamwork	der Cocktail	Do-it-yourself
(Teamwörk)	der Sex Appeal	Make Love, not War
das Make-up		

modeland

für Sie und Ihn

. . . reduziert, reduziert!!!

Original »Chicago«
Piloten-Jeans ~~79.-~~ **49.-**

Overalls
modische Farben ~~149.-~~ **79.-**

Big Shirt's
mit Nummer ~~39.90~~ **19.90**

Kaiserslautern Marktstr.12

Activities

A Aufgabe

Look through some issues of **Der Spiegel, Stern, Bunte Illustrierte,** *or other available German magazines or newspapers and copy those words and expressions that you think are of English origin. Try to determine whether such words are particularly frequent in special fields such as business, entertainment, science, etc. Why do you think Germans have accepted terms of English origin into their language rather than coining their own?*

B Wir kaufen ein

Es gibt natürlich auch in der Bundesrepublik viele Supermärkte und Kaufhäuser, aber wenn Leute etwas Besonderes kaufen wollen (oder viel Wert auf Qualität und Frische legen), gehen sie oft in ein Spezialgeschäft. Wo kauft man am besten folgende Artikel? Suchen Sie auf der Liste das richtige Geschäft!

1.	ein Dutzend frische Rosen	a.	in der Buchhandlung
2.	eine gute, alte Flasche Wein	b.	in der Metzgerei
3.	Seife	c.	in der Konditorei
4.	Hustenbonbons	d.	im Blumengeschäft
5.	eine Geburtstagstorte	e.	in der Drogerie
6.	ein Paar Jeans	f.	in der Bäckerei
7.	einen Hammer und Nägel	g.	in der Weinhandlung
8.	Penicillintabletten	h.	im Milchgeschäft
9.	frische Brötchen	i.	in der Apotheke
10.	4711 Kölnisch Wasser	j.	im Modegeschäft
11.	einen Regenmantel	k.	in der Eisenwarenhandlung
12.	ein Pfund frische Butter		
13.	einen Stadtplan		
14.	einen Pullover		
15.	ein Wörterbuch		

Supermarkt

Metzgerei

C Typisch?

Every country has its specialty—something "typical." Associate the following things with their country of origin.

	ist/sind	
Sauerkraut		typisch amerikanisch.
Popcorn		typisch französisch.
Parfum		typisch italienisch.
Spaghetti		typisch deutsch.
Kaugummi		typisch englisch.
Wodka		typisch schweizerisch.
Brezel		typisch russisch.
Rugby		typisch chinesisch.
Tulpen		typisch holländisch.
Jeans		typisch spanisch.
Kricket		typisch mexikanisch.
Armbanduhren		?
Computer		
Kuckucksuhren		
Frankfurter Würstchen		
Flamenco-Tänze		
?		

Coca-Cola,
weltweit im Dienste
der Erfrischung

Wohl bekomm's!

Sie haben vermutlich gerade Ihr Menue bestellt und sitzen mit der Familie oder mit Freunden in gem☐tlicher Runde zusammen. So wie Sie treffen sich in diesem Moment Millionen Menschen auf der ganzen Welt und haben eins gemeinsam. Sie t☐inken COCA-COLA.

John S. Pemberton, Drogist in Atlanta, USA, mixte 1886 einen wohlschmeckenden Sirup. Mit kohlensäurehaltigem Wasser versetzt fand die Mischung ungeteilten Beifall und wurde von einem Freund Pembertons — der den Namen auch gleich schwungvoll niederschrieb — COCA-COLA benannt.

So entstanden Rezeptur und Markenzeichen eines neuen Erfrischungsge☐ränks, das in den folgenden Jahrzehnten einen unvergleichlichen Siegeszug rund um die Welt antrat. Heute ist COCACOLA wohl das bei allen Menschen bekannteste Warenzeichen. Täglich mehr als 233 Mio. mal wird auf der ganzen Welt COCA-COLA getrunken. Zum Essen, in der Freizeit — immer d☐nn, wenn es darum geht, ein bißchen mehr aus Essen, Freizeit und Geselligkeit zu machen. COKE macht mehr draus.

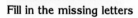

Coke macht mehr draus.

Fill in the missing letters

D Comparative Culture Study

Look through available German newspapers and magazines and make a list of U.S. products you see advertised. Compare U. S. and German advertising. Do the slogans differ? How? The visual appeal? What attention-getting devices are used to make a product attractive (e.g., nature, tradition, travel, family life, sex appeal, celebrities)? You may want to share the ads you find with other students.

E Werbung

Advertising (die Werbung) is as important in Germany as it is in America. Write an ad in German for a US product you would like to sell abroad. You can use cutouts from magazines or your own drawings as pictorial illustration. Make up a slogan or jingle to advertise the product. Associate your product with something of value. Have a celebrity testify that your brand is the best.

F Das deutsche Fernsehen

Schauen Sie auf das Fernsehprogramm weiter unten und beantworten Sie die Fragen.

1. Wie viele Programme gibt es im bundesdeutschen Fernsehen?
   a. 1
   b. 2
   c. 3
   d. 4

2. Um wieviel Uhr beginnt das erste Programm im Fernsehen an diesem Tag?
   a. Um zehn Minuten nach drei nachmittags
   b. Um halb sieben abends
   c. Zwei Minuten vor drei nachmittags
   d. Viertel nach fünf nachmittags

3. Wann beginnt die letzte Sendung abends?
   a. Um halb elf
   b. Um fünf Minuten vor Mitternacht
   c. Um Viertel nach eins am nächsten Morgen

sa 26.6.

Stacy Dorning spielt die Rolle von Jenny in Black Beauty.
(ZDF 15.00 Uhr)

15.10 Tagesschau

15.15 Die Sendung mit der Maus

15.45 Vogelmensch . . .
Ein Traum wird Wirklichkeit

16.30 Phonzeit

17.15 Ein' feste Burg
Evangelische Pfarrhäuser heute

17.45 Tagesschau

17.48 Die Sportschau

REGIONALPROGRAMME

München: 18.30 Nachrichten und Kurzberichte. 18.40 Samstag-Journal. 19.00 Nachrichten, anschließend Paul und Virginie. 19.35 Sport am Samstag.
Frankfurt: 18.35 Sport-Journal. 19.00 Sandmännchen. 19.10 Karino – die Geschichte eines Pferdes. 19.45 Hessenschau.
Hamburg/Bremen: 18.30 Floris von Rosemund. 19.00 Berichte vom Tage. 19.15 Sierra.
Saarbrücken: 18.30 Abendjournal. 18.45 Sandmännchen. 19.00 Karino – die Geschichte eines Pferdes. 18.30 Landesschau.
Berlin: 18.30 Parabel. 18.45 Lokalseite unten links. 19.15 Politik in Berlin. 19.25 Berliner Abendschau.

Stuttgart/Baden-Baden: 18.30 Abendjournal. 19.00 Sandmännchen. 19.10 Karino – die Geschichte eines Pferdes. 19.45 Landesschau.
Köln: 18.30 Don Camillo und Peppone, anschl. Von der Eifel bis zum Weserbergland. 19.15 Hier und Heute. 19.50 Kurz vor 8.

20.00 Tagesschau mit Wetterkarte

20.15 Menschen im Hotel ◤

Deutscher Spielfilm von 1959 mit O. W. Fischer, Michèle Morgan, Heinz Rühmann, Sonja Ziemann, Gert Fröbe und anderen

Im Grand-Hotel einer Weltstadt entscheidet sich innerhalb von zwei Tagen das Schicksal mehrerer Menschen. Eine gefeierte Tänzerin ist in eine seelische Krise geraten und will sich das Leben nehmen. Ein heruntergekommener Baron bewahrt sie davor, und sie verliebt sich in ihn, ohne anfangs zu ahnen, daß er sich als Hoteldieb durchschlägt. Als der charmante Hochstapler wiederum von den Machenschaften eines betrügerischen Geschäftsmann erfährt, glaubt er, endlich ans große Geld kommen zu können, aber auch seine Hoffnungen erfüllen sich nicht. Der deutsche Spielfilm „Menschen im Hotel" entstand nach dem gleichnamigen erfolgreichen Roman von Vicky Baum.

22.00 Bericht vom CSU-Parteitag

22.15 Ziehung der Lottozahlen

anschl.
Tagesschau mit Wetterkarte

Das Wort zum Sonntag
Es spricht Pater Williges Kretschmer OP, Bremen

22.35 Abschied vom Ronacher

Die letzte Sendung aus dem alten Wiener Varieté
Mit Louise Martini,
Olivia Moorefield,
Elfriede Ott,
Alfred Böhm,
Gerhard Bronner,
Peter Kreuder,
Bruce Low,
Marvelli,
Josef Minnich,
Fritz Muliar,
Günter Tolar,
Peter Wehle
und anderen

23.55 Tagesschau

14.58 heute

15.00 Black Beauty

15.20 Die kleinen Strolche

15.35 Mein Onkel vom Mars

16.00 Larry's Showtime

Unterhaltung aus Amerika

mit Dean Martin,
Jack Benny,
Petula Clark,
Joey Heatherton

17.00 heute

17.05 Länderspiegel

anschl.
Das geht Sie an

18.00 Kung Fu
Caines Bruder

Caines langjährige Suche nach seinem amerikanischen Halbbruder scheint zu Ende zu sein, als er endlich Danny Caine und dessen junge Frau Ada findet. Seine Freude dauert jedoch nur kurz, denn er wird von seinem Bruder sehr kühl aufgenommen und erfährt anschließend, daß ein professioneller Killer hinter Danny her ist.

18.55 Mainzelmännchen: Telefon 06131/...

19.00 heute

19.30 Das Haus am Eaton Place
Dienstbotengeplauder

20.15 Lustige Musikanten

Ein volkstümliches Konzert

21.45 Bericht vom CSU-Parteitag

22.00 heute

22.05 Das aktuelle Sport-Studio

23.20 Manche mögen's heiß

Amerikanischer Spielfilm aus dem Jahre 1958
mit George Raft,
Tony Curtis,
Jack Lemmon und anderen

Chikago, Winter 1929, zur Zeit der Prohibition. Für Kenner mit dem nötigen Kleingeld gibt es trotzdem manch guten Tropfen. Eine solche geheime Quelle unterhält der Gamaschen-Colombo; er tarnt sie als Beerdigungsinstitut. Als er verpfiffen wird, bringt er den Plauderer um. Unfreiwillige Zeugen des Mordes werden zwei arbeitslose Musiker, Joe und Jerry, und Colombo versucht nun, auch die beiden unschädlich zu machen. Die letzte Rettung für Joe und Jerry ist eine Damenkapelle, die im Begriff ist, nach Florida zu reisen.

1.15 heute

München: 17.15 Sehen statt Hören (Wochenmagazin für Hörgeschädigte). 17.45 Büroorganisation (11). 18.15 Universum (12. Bäume), anschl. Zirkus. 18.45 Der orientierte Haushalt (7. Gesunde Ernährung). 19.15 ARD-Ratgeber: Geld. 19.45 Bayern heute. 20.00 Tagesschau mit Wetterkarte. 20.15 Es gibt sie noch ... (Alte Münchner Handwerkerfamilien). 21.00 Erinnern Sie sich? (Der Juni vor zehn Jahren). 21.25 Die Frau im Hollywoodfilm. 22.10 Nachrichten.
Frankfurt: 18.00 Maxifant und Minifant 1974. 18.30 Das kranke und das behinderte Kind (Ein Kurs zur Erziehung des Kleinkindes). 19.00 Das Auto (7. Moloch Verkehr). 19.45 Hab' Bildung im Herzen (1. Swinimiprissi's Kulturbrevier). 20.00 Tagesschau mit Wetterkarte. 20.15 Fernsehtheater: Der Datterich

(Von Ernst-Elias Niebergall mit Joseph Offenbach, Hans Elwenspoek, A. Michael Rueffer, Georg Bahmann, Karl Luley, Else Knott und anderen). 21.55 Nachrichten. 22.05 Epiphanie (Von Lewis John Carlino). 23.05 TV-Kammerkonzert (Mit Michael Maisky, Violoncello und Homero Francesch, Klavier).
Hamburg/Bremen/Berlin: 16.00 Schreibmaschinenkurs (12). 16.30 Problem Verkehr (4. Minutenschnell in die City). 17.00 Ausflüge für Findige (12. Angeln auf ostfriesisch). 17.15 Sehen statt hören (Magazin für Hörgeschädigte). 17.45 Tanzstunde für Fortgeschrittene mit Gerd Hädrich (Cha-Cha-Cha). 18.00 Sesamstraße (268). 18.30 Wer ernten will, muß säen (Fischwirtschaft auf neuen Wegen). 19.00 Hablamos Español (38). 19.30 Glauben und Denken: Lieber

Gott, laß Tokio in England liegen (Nachgespräch zu einer öffentlichen Kontroverse). 20.00 Tagesschau mit Wetterkarte. 20.15 Kultur aktuell: Magazin (Leitung: Manfred Eichel). 21.00 Vor vierzig Jahren: March of Time. 21.20 Der Film-Club: Von Weißen und Wilden (Die Kawelka – Ongkas große Moka). 22.15 Auf einem Auge blind? (Filmemacher und Wissenschaftler im Streit um die Wahrheit im ethnologischen Film).
Köln: 17.30 Wortwechsel (23. Eine Betriebszeitung). 18.00 Der Elternführerschein (10. Das kranke und behinderte Kind). 18.30 Gott und die Welt. 19.00 Sandmännchen-International. 19.05 Neues Wissen. 19.30 Sport im Westen. 19.55 Tele-Gramme. 20.00 Tagesschau mit Wetterkarte. 20.15 Spectrum. 21.00 Fernsehspiel des Monats. 22.30 Sprücheklopfer

4. In den Vereinigten Staaten beginnen alle Programme entweder zur vollen oder zur halben Stunde. Ist das in der Bundesrepublik auch so?
    a. Ja
    b. Nein

5. Studieren Sie die Programme der drei Fernsehsender. Welcher Sender ist dem amerikanischen „Public Broadcasting System" *(Educational TV)* am ähnlichsten?
    a. Das erste Programm
    b. Das zweite Programm
    c. Das dritte Programm

6. Wann kann man im ersten Programm die Nachrichten sehen?
    a. Um 16.30 Uhr und um 22.00 Uhr
    b. Um 15.10 Uhr, um 17.45 Uhr, um 20.00 Uhr und um 22.15 Uhr
    c. Um 16.00 Uhr und um 20.15 Uhr

7. Wann kann man an diesem Tag regionale Programme sehen?
    a. Zwischen 16.00 und 17.00 Uhr
    b. Zwischen 18.30 und 20.00 Uhr
    c. Zwischen 21.00 und 22.30 Uhr

8. Wie oft bringt das zweite Programm Nachrichten?
    a. Zweimal
    b. Dreimal
    c. Viermal
    d. Fünfmal

9. Um wieviel Uhr kann man einen amerikanischen Film sehen, der von einem schwarzen Pferd handelt?
    a. Um drei Uhr nachmittags
    b. Um halb sieben abends
    c. Um Viertel nach acht abends
    d. Um halb zwölf nachts

10. Wie viele Musikprogramme bringt das zweite Programm an diesem Tag?
    a. Eines
    b. Zwei
    c. Drei

11. Wie viele amerikanische Filme gibt es an diesem Tag im zweiten Programm?
    a. Einen
    b. Zwei
    c. Drei
    d. Vier

HITPARADE

1. (1) **Der Nippel** – Mike Krüger
2. (2) **What's Another Year** – Johnny Logan
3. (4) **Istanbul ist weit** – Freddy
4. (5) **Wie frei willst du sein** – Howard Carpendale
5. (12) **Der wilde, wilde Westen** – Truck Stop
6. (3) **Eine Liebe ist viele Tränen wert** – Karel Gott
7. (6) **My Way** – Elvis Presley
8. (8) **Give Me More** – The Teens
9. (10) **Jamaika Reggae Man** – Lena Valaitis
10. (7) **Dolores** – Rockefeller
11. (–) **Take Good Care Of My Baby** – Smokie
12. (11 **Rock'n'Roll in Old Blue Jeans** – Tommi Ohrner
13. (17) **David's Song (Who 'il Come With Me)** – Kelly Family
14. (14) **Denk doch auch mal an dich** – Peter Alexander
15 (9) **Coming Up** – Paul McCartney
16. (–) **Bobby Brown** – Frank Zappa
17. (20) **I Have A Dream** – Abba
18. (15) **Another Brick In The Wall** – Pink Floyd
19. (13) **Boat On The River** – Styx
20. (–) **Sexy Eyes** – Dr. Hook
      NEUVORSTELLUNGEN
21. **D.I.S.C.O.** – Ottawan
22. **Ich warte hier unten** – Hanne Haller
23. **Papa Pingouin** – Sophe + Magaly
24. **Tag für Tag** – Mario Hene
25. **Turn It On Again** – Genesis
26. **Mama's Boy** – Elke Best
Simmabgabe und Stimmkarten von Montag bis Mittwoch in 6000 ausgesuchten deutschen Sparkassen.

KAPITEL
ZEHN
Die deutsche Wurst

Das wär' dir ein schönes Gartengelände, wo man den
Weinstock mit Würsten bände.

Goethe
(That would be a beautiful garden area, where one
would tie the vine with sausages.)

5

Die Amerikaner haben ihre „Hamburgers", die Italiener haben
ihre Spaghetti, die Schweizer haben ihren Käse, und die
Deutschen haben ihre Wurst. Es gibt Schinkenwurst,° Blutwurst,   *ham sausage*

Fleischwurst, Zungenwurst;° es gibt Weißwurst, Gelbwurst, Rot-   *tongue sausage*
10 wurst; es gibt Wiener Würstchen, Frankfurter Würstchen und
Thüringer Wurst; es gibt nicht nur Leberwurst, sondern Kalbsleberwurst,° Schweineleberwurst, Gänseleberwurst, feine Leber-   *calves liver sausage*
wurst, grobe° Leberwurst und geräucherte Leberwurst. In Deutsch-   *coarse*
land gibt es etwa 1 500 Wurstsorten; sie sind roh, gekocht,
15 geräuchert, gewürzt° und verschieden geformt. Jede Gegend hat   *spiced*
ihre eigenen Spezialitäten.

Die Deutschen sind wahre Feinschmecker,° wenn es sich um   *gourmets*
Wurst handelt.° Sie wollen, daß die Wurst so bleibt, wie sie schon   *as far as sausage is concerned*
seit Jahrhunderten ist. Ab und zu versucht man das Rezept einer
20 Wurstsorte zu ändern,° aber davon will niemand etwas hören, und   *change*
man geht wieder zum alten Rezept zurück.[1]

Viele bekannte Wurstrezepte, die man heute noch gebraucht,
existierten schon im Mittelalter. Schon damals hat man verschiedene Wurstsorten aus Schwein, Lamm, Rind,° Kalb und   *beef*
25 Geflügel° gegessen. Gewürze waren auch schon immer wichtig.   *poultry*
Dokumente aus dem 14. und 15. Jahrhundert berichten° von   *tell*
Kalbswurst mit Saffran und Zimt.°   *cinnamon*

Jeder Deutsche ißt etwa 40 Kilo Wurst im Jahr. Die meisten
Familien kaufen aber nur 5 bis 10 beliebte Wurstsorten und ken-
30 nen die anderen fast gar nicht. Man ißt Wurst mit Brot zum
Frühstück, zur Morgenpause und zum Abendbrot.

Cultural Note

Da die Deutschen viel Wurst essen, essen sie natürlich auch viel
Brot; nicht nur zum Frühstück und zum Abendessen (oder:
Abendbrot), sondern auch zwischendurch. Und auf das Brot
muß Butter. 88 Prozent der Deutschen glauben, daß Brot gesund ist; nur 3 Prozent glauben, daß man davon dick wird; und
52 Prozent sagen, daß Brot das wichtigste Nahrungsmittel
(foodstuff) ist.

[1]Recently the Federal Meat Research Office in Kulmbach suggested that the recipe
for **Weißwurst** be altered slightly to facilitate preservation by canning. Bavaria's capital protested indignantly; the "Munich White Sausage Convention" has legally pre-
scribed the recipe for these parsley-flavored veal sausages for 120 years. Consum-
ers in other parts of the Federal Republic of Germany reacted just as strongly when
nutrition experts wanted to reduce the fat content of sausages. A large grocery chain
that tried to meet the desire for healthier living by marketing low-fat sausages suf-
fered considerable losses. Therefore they went back to the old recipe, and sales
returned to the old level.

Es gibt 200 verschiedene Sorten Brot und 30 Sorten Brötchen *(rolls)*. Obwohl es Weißbrot oder Toastbrot gibt, sind die dunkleren Brotsorten, die aus Mischungen *(mixtures)* von Weizen *(wheat)* und Roggen *(rye)* gebacken sind, die beliebtesten; es gibt Feinbrot, Mischbrot, Vollkornbrot, Schwarzbrot und Pumpernickel usw.

Activities

A   Fragen über den Text

1. Welche drei Begriffe *(concepts)* sind wichtig für die Deutschen in Goethes Gedicht?
2. Nennen Sie fünf deutsche Wurstsorten!
3. Etwa wie viele Wurstsorten gibt es in Deutschland?

4. Wie unterscheiden sich diese Wurstsorten voneinander?
5. Gibt es überall dieselbe Wurst?
6. Wie reagieren viele Deutsche, wenn man versucht, das Rezept einer Wurst-sorte zu ändern?
7. Seit wann ißt man in Deutschland Wurst?
8. Woraus sind Würste gemacht?
9. Was ist wichtig in Wurstrezepten?
10. Wieviel Wurst ißt der Durchschnittsdeutsche *(average German)*?
11. Wie viele Wurstsorten kaufen die meisten Familien?
12. Wann ißt man Wurst?

B Versuchen Sie dieses Rezept für Wurstsalat!

200 g gekochte Salami oder Jagdwurst
2 Pellkartoffeln *(potatoes boiled in their skins)*
2 Äpfel
1 saure Gurke *(pickle)*
2 Eßlöffel Mayonnaise
1/2 Becher Joghurt (ohne Frucht)
2 Teelöffel scharfen Senf *(hot mustard)*
etwas Zitronensaft, Zucker, Salz, Pfeffer, Schnittlauch *(chives)*.

Kartoffeln und Äpfel schälen und mit der Wurst und Gurke in Würfel schneiden *(dice)*; Mayonnaise und Joghurt verrühren; Gewürze dazugeben und unter die übrigen Zutaten *(ingredients)* mischen. Mit Schnittlauch garnieren. (Für 4 Perso-nen.) Servieren Sie diesen Salat mit Brötchen oder Schwarzbrot!

C Was essen Sie?

1. Essen Sie oft Wurst? Welche Wurst essen Sie?
2. Welche Mahlzeiten essen Sie mit Ihrer Familie?
3. Wann essen Sie Frühstück? Mittagessen? Abendessen?
4. Welche Mahlzeit essen Sie am liebsten? Warum?
5. Essen Sie viel Brot? Welche Sorte(n) Brot essen Sie am liebsten?
6. Was tun Sie auf das Brot? (Butter, Margarine, Marmelade, Honig, Käse, Erdnußbutter usw.)
7. Glauben Sie, daß Brot gesund ist? Warum oder warum nicht?
8. Welche verschiedenen Wurstsorten haben Sie schon versucht?
9. Welche verschiedenen Brotsorten haben Sie schon versucht?
10. Was essen Sie besonders gern?

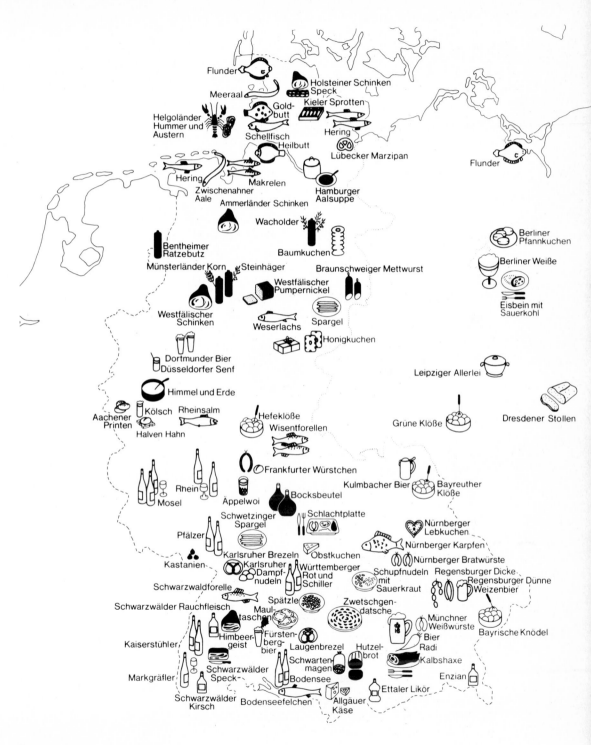

Flunder
Meeraal
Holsteiner Schinken
Speck
Kieler Sprotten
Goldbutt
Helgoländer Hummer und Austern
Schellfisch
Hering
Heilbutt
Lübecker Marzipan
Flunder
Hering
Makrelen
Zwischenahner Aale
Ammerländer Schinken
Hamburger Aalsuppe
Wacholder
Bentheimer Ratzebutz
Baumkuchen
Berliner Pfannkuchen
Münsterländer Korn
Steinhäger
Braunschweiger Mettwurst
Berliner Weiße
Westfälischer Pumpernickel
Eisbein mit Sauerkohl
Westfälischer Schinken
Weserlachs
Spargel
Honigkuchen
Dortmunder Bier
Düsseldorfer Senf
Leipziger Allerlei
Himmel und Erde
Aachener Printen
Kölsch
Rheinsalm
Hefeklöße
Wisentforellen
Grüne Klöße
Dresdener Stollen
Halven Hahn
Frankfurter Würstchen
Rhein
Kulmbacher Bier
Bayreuther Klöße
Mosel
Äppelwoi
Bocksbeutel
Schlachtplatte
Nürnberger Lebkuchen
Schwetzinger Spargel
Nürnberger Karpfen
Pfälzer
Obstkuchen
Nürnberger Bratwürste
Karlsruher Brezeln
Württemberger Rot und Schiller
Schupfnudeln mit Sauerkraut
Regensburger Dicke
Regensburger Dünne Weizenbier
Kastanien
Karlsruher Dampfnudeln
Schwarzwaldforelle
Spätzle
Zwetschgendatsche
Münchner Weißwurste
Schwarzwälder Rauchfleisch
Maultaschen
Bayrische Knödel
Kaiserstühler
Himbeergeist
Fürstenbergbier
Bier
Radi
Laugenbrezel
Hutzelbrot
Markgräfler
Schwartenmagen
Kalbshaxe
Schwarzwälder Speck
Bodensee
Enzian
Ettaler Likör
Schwarzwälder Kirsch
Bodenseefelchen
Allgäuer Käse

Deutsche Küchenspezialitäten

D   Was essen andere?

Construct sentences from these columns describing people you know.

Meine Mutter	ißt,	gern	Eier	*(optional)*
Meine Eltern	essen	am liebsten	Gemüse	zum Frühstück.
Mein Vater		nicht gern	Obst	zum Mittagessen.
Meine Schwester(n)		oft	Pizza	zum Abendessen.
Mein(e) Bruder(ö)		immer	Wurst	bei einer Party.
Meine Großmutter		selten	Leber	zum Nachtisch.
Mein Großvater		wenig	Steak	bei einem Picknick.
Mein(e) Freund(in)		nie	*Hamburgers*	nachmittags.
Unser(e) Lehrer(in)		nur	Schweinefleisch	nach einem Fußball-
Meine Freunde		manchmal	Rindfleisch	spiel.
?		?	Kalbfleisch	spät abends.
			Brot	?
			Limburger Käse	
			Kuchen	
			Frankfurter	
			Würstchen	
			Eis	
			?	

E   Warum essen Sie das?

Complete the following sentences according to your preference.

1. Weil es gesund ist, esse ich gern _____.
2. Weil es gut schmeckt, esse ich gern _____.
3. Weil es süß ist, esse ich gern _____.
4. Wenn ich krank bin, esse ich _____.
5. Weil meine Freunde es essen, esse ich auch oft _____.
6. Weil Sportler es empfehlen, esse ich _____.
7. Weil es schnell geht, essen wir oft _____.
8. Weil es sauer ist, esse ich selten _____.
9. Weil ich es im Fernsehen sehe, esse ich manchmal _____.
10. Weil es zu bitter ist, esse ich nie _____.
11. ? _____.

F   Essen Sie ein deutsches Frühstück!

Zum Frühstück essen „typische" Deutsche Brot, Semmeln, oder Toast mit Butter, Marmelade oder Honig; manchmal kommt dazu ein gekochtes Ei, vielleicht auch Aufschnitt (assorted cold cuts) *und Käse. Man trinkt entweder Kaffe, Tee, oder Kakao. Versuchen Sie einmal ein deutsches Frühstück!*

1. Wie unterscheidet sich ein typisches deutsches Frühstück von einem typischen amerikanischen Frühstück?
2. Welches Frühstück essen Sie lieber?
3. Ist das deutsche Frühstück gesund? das amerikanische?
4. Was essen Sie gewöhnlich *(usually)* zum Frühstück?

 G   Bestellen Sie ein Frühstück in einem deutschen Restaurant!

Hier ist eine Speisekarte (menu)*. Sie haben großen Hunger und Sie haben DM 10,-. Bestellen Sie ein Frühstück!*

FRÜHSTÜCKSKARTE

Frühstück

1 Brötchen, Butter, Marmelade, Honig, Käse, 1 Glas Tee oder 1 Tasse Kaffee, 1 weichgekochtes Ei	DM 7,50
1 weichgekochtes Ei	DM 1,00
1 Brötchen mit Butter	DM 1,00
1 Brötchen mit Butter, Marmelade	DM 1,30

Warme Getränke

1 Tasse Kaffee	DM 2,00
1 Kännchen Kaffee	DM 3,00
1 Glas Tee (Pfefferminz, Kamillen *(chamomile)*, Hagebutten *(rosehips)*)	DM 1,60
1 Kännchen Tee	DM 3,00
1 Tasse Schokolade	DM 1,50
1 Tasse Schokolade mit Sahne	DM 1,90

H Das ist mir Wurst

Important concepts in a culture are often reflected in its proverbs and idiomatic expressions. For example, Germans say **"das ist mir Wurst"** *(I don't care).*

Below is a list of proverbs and idioms. Try to guess their meanings, then check the Answer Key on page 227. As you will see, a literal translation can often be humorous or nonsensical.

1. Das ist mir Wurst.
2. Er hat einen Vogel.
3. Er ist auf Draht.
4. Sie ist eine alte Schachtel.
5. Der Apfel fällt nicht weit vom Stamm.
6. Der letzte Schrei.
7. Sie spinnt.
8. Das geht mir gegen den Strich.
9. Das ist eine alte Kiste.
10. Er hat mal wieder Schwein.
11. Ich habe einen Kater.
12. Er ist blau.
13. Da sagen sich die Füchse und Hasen „Gute Nacht".
14. Halten Sie mir die Daumen!
15. Sie gibt ihm einen Korb.
16. Sie tanzt aus der Reihe.
17. Ich muß in den sauren Apfel beißen.
18. Sie bindet ihm einen Bären auf.
19. Er hat aus einer Mücke einen Elefanten gemacht.
20. Ein Sperling in der Hand ist besser als eine Taube auf dem Dach.

Er hat einen Vogel

Sie spinnt

a. *A chip off the old block. (Like father, like son.)*
b. *I don't care.*
c. *He's crazy.*
d. *That's an old thing.*
e. *That's off the beaten path.*
f. *He is on the ball.*
g. *She is an old bag.*
h. *That goes against my grain (nature).*
i. *The latest fashion (fad).*
j. *She turns him down.*
k. *She's crazy.*
l. *He is lucky again.*
m. *I have a hangover.*
n. *He is drunk.*
o. *Keep your fingers crossed!*
p. *A bird in the hand is worth two in the bush.*
q. *I have to bite the bullet.*
r. *She's putting one over on him.*
s. *She's stepping out of line.*
t. *He made a mountain out of a molehill.*

Ich habe einen Kater

Sie gibt ihm einen Korb

I   Was sagt man in diesen Situationen?

Select one of the idioms, a, b, or c to match the situation. Check your answers with the Answer Key, page 227.

1. Fritz möchte mit Inge tanzen. Inge will aber nicht mit Fritz tanzen. Was tut sie?
   a. Sie hat einen Vogel.
   b. Sie ist eine alte Schachtel.
   c. Sie gibt ihm einen Korb.
2. Wolfgang wohnt in einem kleinen Dorf, das weder Kino, noch Theater oder Restaurant hat. Was kann man von diesem Dorf sagen?
   a. Das geht mir gegen den Strich.
   b. Da sagen sich die Füchse und Hasen „Gute Nacht".
   c. Das ist der letzte Schrei.
3. Peter bekommt ein Auto. Es ist ein sehr altes Auto. Was sagen seine Freunde?
   a. Das ist eine alte Kiste.
   b. Er spinnt.
   c. Er hat einen Kater.
4. Johann ist der beste Ober im Café Wien. Was sagen die Gäste über ihn?
   a. Er hat mal wieder Schwein.
   b. Er ist blau.
   c. Er ist auf Draht.
5. Renate singt ihre erste Arie in der Oper. Was sagt sie zu ihren Freunden?
   a. Das ist mir Wurst.
   b. Haltet mir die Daumen!
   c. Der Apfel fällt nicht weit vom Stamm.
6. Brigitte möchte mit ihren Freunden tanzen gehen, aber sie hat am nächsten Morgen eine Lateinprüfung und muß dafür noch viel lernen. Was sagt sie?
   a. Ich tanze aus der Reihe.
   b. Ich muß in den sauren Apfel beißen.
   c. Ich habe einen Vogel.
7. Dieter hat einen kleinen Unfall beim Turnen. Er geht nach Hause, legt sich ins Bett und erzählt seiner Mutter, daß sein Bein bestimmt gebrochen ist. Am selben Abend geht er aber mit seiner Freundin tanzen. Was sagt seine Mutter?
   a. Er hat aus einer Mücke einen Elefanten gemacht.
   b. Er hat einen Kater.
   c. Er ist auf Draht.
8. Sigrid trifft einen jungen Mann in einer Tanzbar. Sie erzählt ihm, daß sie am Samstag nicht mit ihm ausgehen kann, weil sie nach New York fliegen muß. In Wirklichkeit will sie eine Freundin besuchen. Was sagt man über sie?
   a. Sie ist eine alte Schachtel.
   b. Sie muß in den sauren Apfel beißen.
   c. Sie bindet ihm einen Bären auf.

KAPITEL

Liebe—was ist das?

„Ich liebe dich." Das hört man oft in Schlagern.° Aber im   *hit songs*
täglichen Leben ist von Liebe nicht oft die Rede.° Auf Parties, zum   *no talk of*
Beispiel, spricht man lieber über das Auto als über die Freundin
oder über den Freund. Ist Liebe unmodern? Ist sie nur noch
5 Kitsch° von gestern? Oder ist Liebe doch noch ein bißchen mehr?   *trash*
Fünf junge Deutsche zwischen vierzehn und achtzehn Jahren
sprechen darüber:

DETLEV: „Ich glaube nicht an die große Liebe, wie sie in Ro-
     manen existiert. Vielleicht gibt es die echte Liebe überhaupt
10   nicht mehr. Für die meisten Leute sind doch nur Geld und
     Erfolg° wichtig, und sie pfeifen auf° die Liebe."   *success/don't care about*
BETTINA: „Stimmt!° Wer immer mehr arbeiten muß, hat einfach   *(that's) correct*
     keine Kraft mehr, andere Gefühle zu zeigen. Aber man darf
     von der Liebe auch keine Wunder° verlangen. Die meisten   *miracles*
15   Menschen erwarten von der Liebe immer etwas ganz Großes.

Man kann es aber auch anders sehen. Liebe ist einfach eine positive Beziehung° zwischen Menschen. Das ist die natürlichste Sache der Welt." *relationship*

MARTIN: „Es gibt ja sehr viele Theorien über die Liebe, und viele
20 davon sind falsch. Manche Leute sagen zum Beispiel, daß Eifersucht° ein Zeichen° von Liebe ist. Das stimmt aber nicht. *jealousy/sign* Wer liebt, will seine Partnerin—oder seinen Partner—nicht besitzen.° Eifersucht hat mit Liebe nichts zu tun." *own*

DAGMAR: „Manche Leute meinen, mit Liebe kann man die Pro-
25 bleme dieser Welt lösen;° nach dem Motto: *Make love, not* *solve* *war*. Aber so einfach ist das sicher nicht. Probleme kann man nicht allein mit schönen Gefühlen lösen. Man braucht auch Verstand° dazu." *reason*

ERIKA: „Meine Freunde finden es ganz normal, wenn ich sage,
30 ich kann den Peter nicht leiden.° Wenn ich aber sage, ich *stand* liebe den Peter, dann lachen alle. Ist das nicht merkwürdig?"° *strange*

Hier sind einige Resultate von anderen Umfragen° in Deutsch- *polls* land:

(1) Für die Jugendlichen ist ein glückliches Familienleben wich-
35 tiger als der Erfolg im Beruf.

(2) Jeder dritte junge Mann zwischen achtzehn und zwanzig Jahren hat eine „feste° Freundin". *steady*

(3) 85 Prozent der Jugendlichen zwischen achtzehn und ein- undzwanzig träumen° vom Heiraten. *dream*

40 (4) Die jungen Mädchen wollen von ihrem Partner, daß er ei- nen guten Beruf hat, intelligent und sportlich ist. Er soll auch min- destens° mittelgroß und schlank° sein. Vor allem aber muß er treu *at least/slender* sein.

Also ist die Liebe nicht unmodern; unmodern ist nur, über die
45 Liebe zu sprechen. (Adapted from *Scala*.)

Language Note

Some German words cannot easily be translated into English. They have a certain meaning which can be understood only within the context of German culture. Often several words or even sentences are needed in English to explain the exact Ger- man meaning. For example, the word **Kitsch** contained in this reading selection is one of these expressions. It can be trans- lated as rubbish, trash, junk, and worthless finery. It means that something is cheap or useless, of low quality or questionable aesthetic appeal.

Here are some other examples of German words with a certain "culture-specific" meaning:

die Gemütlichkeit	relaxed, easygoing, comfortable, homey, cozy atmosphere
die Weltanschauung	a philosophy of life
der Kaffeeklatsch	a gathering of a group of people (usually women) at home or in a café for the purpose of drinking coffee, gossiping, or talking
der Ratskeller	a restaurant in the basement of a city hall, usually serving good food and wine
das Gasthaus	a type of restaurant or inn where anyone can go to eat and drink (Often overnight accommodations are available.)
der Stammtisch	a table in a **Gasthaus** reserved for the regular customers (Men of the neighborhood usually meet here to drink and play cards on regular nights during the week.)
der Schmalz	a term used to describe corny sentimentality sometimes portrayed in films, books, music, conversation, etc. (literally: lard, grease)
der Umlaut	the changed vowel sound indicated by the addition of two dots (¨) over the vowels a, o, or u (ä, ö, ü, äu)
die Schadenfreude	malicious delight in someone else's misfortune or discomfort
der Rummel	racket, noise, hubbub, rush; the entirety of activities one experiences at a fair, for instance
sympathisch	describes a person whom you like at once or take to right away
kaputt	broken, broken-down, out of order
Gesundheit!	said when someone sneezes to wish good health (**die Gesundheit** means "health")

Cultural Note

Unlike in America, where young people often get together at school functions (e.g., dances, sports events, etc.), in Germany, schools sponsor few social activities. Young people often meet at private sports clubs, discotheques, youth clubs, or at dancing

schools (almost every young German at some time takes dancing lessons). Dating is frequently done in groups, where each
person pays his or her own bill. As young people cannot drive
until they are 18, boys seldom pick up girls at their homes, but
rather meet them at a centrally located place.

A   Fragen über den Text

1. Glaubt Detlev an die große Liebe?
2. Wie definiert Bettina die Liebe?
3. Glaubt Martin, daß Eifersucht ein Zeichen von Liebe ist?
4. Glaubt Dagmar, daß man Probleme nur mit schönen Gefühlen lösen kann?
   Was braucht man noch dazu?
5. Was findet Erika merkwürdig?
6. Was ist für junge Leute in Deutschland wichtiger als der Beruf?
7. Was wollen junge Mädchen von ihren Partnern?
8. Ist Liebe unmodern?

B Richtig oder falsch?

If you do not agree with a statement, explain why and restate it so that it expresses your opinion.

1. Eifersucht ist ein Zeichen von Liebe.
2. Mit Liebe kann man die Probleme der Welt lösen.
3. Wer Liebe zeigt, zeigt auch Schwäche *(weakness)*.
4. Junge Mädchen sprechen öfter über die Liebe als junge Männer.
5. Die „echte" Liebe gibt es nicht.
6. Alte Leute denken anders über die Liebe als junge Leute.
7. Es ist gut, einen festen Freund (eine feste Freundin) zu haben.
8. Die Amerikaner haben eine puritanische Einstellung *(attitude)* zur Liebe.

C Wählen Sie!

Complete the following statements with one of the given choices or your own. Briefly explain your answer.

1. Am wichtigsten im Leben ist _____.
   a. Geld
   b. ein glückliches Familienleben
   c. Erfolg
   d. ?
2. Die große Liebe kann man _____ erleben *(experience)*.
   a. mehrmals
   b. einmal
   c. nie
   d. ?
3. In der Liebe kann man oft _____.
   a. Wunder erleben
   b. enttäuscht *(disappointed)* werden
   c. glücklich sein
   d. ?
4. Auf Parties spricht man oft über _____.
   a. Liebe
   b. Sport
   c. Mode
   d. ?
5. Ein junger Mann will, daß seine Partnerin _____ ist.
   a. hübsch
   b. intelligent
   c. reich
   d. ?

6. Ein Mädchen will, daß ihr Partner _____ ist.
   a. sportlich
   b. schlank und mittelgroß
   c. nett
   d. ?

7. Wenn man verliebt ist, sollte man es _____.
   a. nur dem besten Freund sagen
   b. den Eltern sagen
   c. niemand(em) sagen
   d. ?

8. Wenn man einen Jungen (oder ein Mädchen) wirklich liebt, sollte man ____.
   a. sofort heiraten
   b. zusammen leben
   c. sich näher kennenlernen
   d. ?

9. Ein Mann sollte _____.
   a. nicht heiraten
   b. jung heiraten
   c. nur heiraten, wenn er einen guten Arbeitsplatz hat
   d. ?

10. Ein Mädchen sollte _____.
    a. kochen und nähen lernen
    b. einen Beruf haben
    c. nur ans Heiraten denken
    d. ?

D Was macht man, wenn man verliebt ist?

Form sentences by combining items from each column, or by creating your own.

A
Wenn man verliebt ist,
Wenn die Liebe vorbei ist,

B
kann man nicht schlafen.
hat man keinen Appetit.
ist man glücklich.
schreibt man gern Liebesbriefe.
hört man gern Musik.
kann man nicht arbeiten.
bleibt man gern zu Hause.
denkt man oft an die geliebte Person.
geht man aus.
ist man enttäuscht.
weint man oft.
ist man verrückt.
will man mit niemand(em) sprechen
denkt man oft an Selbstmord *(suicide)*.
?

E Liebesgedichte

Love has inspired many German poets. The following poem **(das Gedicht)** *by Johann Wolfgang von Goethe was inspired by the memories of a relationship with a young woman (represented by the* **"Röslein,"** *the little rose) during his student years. The verses were put to music by Heinrich Werner, and the poem has become a popular German folksong.*

Heidenröslein

Sah ein Knab' ein Röslein stehn,
Röslein auf der Heiden,
War so jung und morgenschön,
Lief er schnell, es nah zu sehn,
Sah's mit vielen Freuden.
Röslein, Röslein, Röslein rot,
Röslein auf der Heiden.

Knabe sprach: Ich breche dich,
Röslein auf der Heiden!
Röslein sprach: Ich steche dich,
Daß du ewig denkst an mich,
Und ich will's nicht leiden.
Röslein, Röslein, Röslein rot,
Röslein auf der Heiden.

Und der wilde Knabe brach's
Röslein auf der Heiden.
Röslein wehrte sich und stach,
Half ihm doch kein Weh und Ach,
Mußt' es eben leiden.
Röslein, Röslein, Röslein rot,
Röslein auf der Heiden.

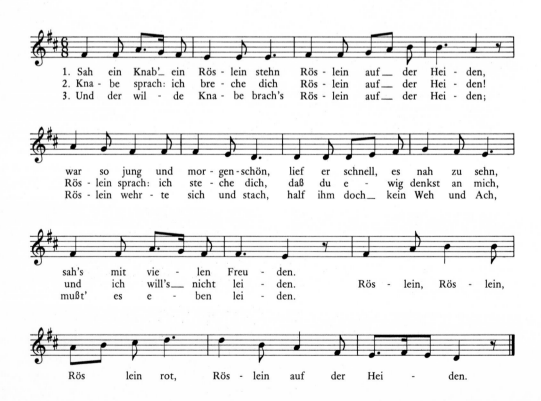

In the preceding poem the subject of love is treated seriously. Below you will find several light-hearted love poems. After reading them, perhaps you will be inspired to write your own!

Mein Puls schlägt laut, wenn ich dich sehe,
vom Trommelfell° zur großen Zehe!   *ear drum*

Wär' ich ein Tropfen° naß und rund,
fiel' ich auf deinen lieben Mund!   *drop*

Herr Hai° sprach zum Fräulein Fisch: *shark*
Zum Fressen° gerne hab' ich dich!   *devour*

Bleibst du mir fremd,
zerreiß' ich mein Hemd!

KAPITEL

ZWÖLF

Suchen Sie
einen Ehepartner?

Heirats- und Bekanntschaftsanzeigen

Solche Anzeigen° finden Sie in vielen deutschen Zeitungen und Zeitschriften.° Es ist in Deutschland und anderen deutschsprachigen Ländern durchaus respektabel, mit einer Zeitungsanzeige einen Ehepartner zu suchen. In jeder Stadt gibt es Heiratsvermittlun- 5 gen° oder Heiratsinstitute, die mit und ohne Computer versuchen, Menschen bei der Partnerwahl° zu helfen.

    Welche Menschen suchen durch eine Heiratsvermittlung einen Ehepartner? Es gibt keinen bestimmten Typ. Alte und junge Menschen, unverheiratete, geschiedene° und verwitwete° Perso-

ads
magazines

marriage brokerages
selection of a partner

divorced/widowed

102

Wie Sie jetzt Ihren Partner finden können!

●● *Machen Sie diesen Gratis-Test. Sie erfahren, wieviel Heirats-Chancen Sie haben. Weiter erhalten Sie kostenlos die Beschreibung Ihres Idealpartners, den der Computer auf Grund Ihrer Angaben für Sie gefunden hat. Kostenlos erhalten Sie zudem die Auswertung des Farbtests. Ihr psychologisches Persönlichkeitsprofil und eine umfangreiche farbige Informationsbroschüre.* ●●

Welche Schulbildung haben Sie?
☐ Volksschule ☐ Fachhochschule
☐ Mittlere Reife   mit Abschluß
☐ Abitur ☐ Universität/TH
  mit Abschluß

erlernter Beruf: _____

ausgeübter Beruf: _____

Wo sind Sie beschäftigt? _____

Ihr monatliches Einkommen wird geheim bleiben. Der Computer kann daran Ihren Lebensstandard erkennen. Denn Ihr Idealpartner soll nicht mehr Ansprüche stellen als Sie selbst!
☐ bis zu   600.– DM   ☐ bis zu 2.000.– DM
☐ bis zu 1.000.– DM   ☐ bis zu 3.000.– DM
☐ bis zu 1.500.– DM   ☐ über 3.000.– DM

2.*
Psychologischer Farbtest
In das Feld der Farbe, die Ihnen am besten gefällt, schreiben Sie eine 1. Die Farbe, die Ihnen am zweitbesten gefällt, bekommt eine 2. Dann vergeben Sie die 3, die 4 usw. Und zum Schluß die 8 für die Farbe, die Ihnen am wenigsten gefällt.

① ② ③ ④
⑤ ⑥ ⑦ ⑧

3. Partner-Profil
Wählen Sie aus den folgenden Eigenschaften 5 aus, die Sie von Ihrem zukünftigen Partner erwarten:
☐ temperamentvoll ☐ strebsam
☐ fröhlich ☐ natürlich
☐ intelligent ☐ gütig
☐ ehrlich ☐ sportlich
☐ sparsam ☐ gutaussehend
☐ häuslich ☐ selbstbewußt

4. Biologische und soziologische Daten
Wie lautet Ihre genaue Anschrift:
☐ Herr   ☐ Frau   ☐ Fräulein

Vorname: _____

Name: _____

Straße: _____

PLZ/Wohnort: _____

Ortsteil: _____

wohnhaft bei: _____

Telefon: _____

Ihre Staatsangehörigkeit: _____

Geburtsdatum: _____

Körpergröße _____ cm

☐ Sind Sie ledig   ☐ konfessionslos
☐ verwitwet   ☐ evangelisch
☐ geschieden   ☐ katholisch

andere _____

Falls Sie ein körperliches Leiden haben, welches?
_____

Falls Sie unterhaltspflichtige Kinder haben, wieviele? _____

bei mir lebend ___ nicht bei mir lebend ___

Bitte erklären Sie jetzt noch mit Ihrer Unterschrift, daß Sie unverheiratet sind und an unserem kostenlosen und unverbindlichen Computer-Partner-Test teilnehmen möchten.

Unterschrift: _____

Ihre Teilnahme am Test ist hierbei von Ihren persönlichen Vermittlungschancen abhängig. Ihr Testergebnis und Ihre Angaben werden streng vertraulich behandelt.
Reißen oder schneiden Sie einfach diese ganze Seite heraus und senden Sie sie heute noch in einem unfrankierten Briefumschlag ab an: ALTMANN,
HANS-HENNY-JAHNN-WEG 41–45, 2 HAMBURG 76

ALTMANN in der Schweiz: MILITÄRSTRASSE 106 · 8021 ZÜRICH

KM 649

1. Interessen-Diagramm
Kreuzen Sie an, was Sie in Ihrer Freizeit bevorzugen. Denn Ihr Idealpartner soll in seinen Interessen zu Ihnen passen.

Sehr interessiert	gelegentlich	kein Interesse	
☐	☐	☐	aktiv Sport treiben
☐	☐	☐	Besuch von Sportveranstaltungen
☐	☐	☐	Funk und Fernsehen
☐	☐	☐	Unterhaltungssendungen
☐	☐	☐	Sendungen über Politik und Wissenschaft
☐	☐	☐	Krimis
☐	☐	☐	Musiksendungen
☐	☐	☐	Naturwissenschaft/Technik
☐	☐	☐	Problemfilme
☐	☐	☐	Sportsendungen
☐	☐	☐	III. Programm
☐	☐	☐	berufliche Weiterbildung
☐	☐	☐	Geisteswissenschaften
☐	☐	☐	Basteln/Handarbeiten
☐	☐	☐	Musizieren
☐	☐	☐	ernste Musik hören
☐	☐	☐	Unterhaltungsmusik hören
☐	☐	☐	Bildungslektüre
☐	☐	☐	Unterhaltungslektüre
☐	☐	☐	Theater-, Opernbesuch
☐	☐	☐	Tanzen
☐	☐	☐	Parties
☐	☐	☐	Diskussionen
☐	☐	☐	Wandern
☐	☐	☐	mit Auto spazierenfahren
☐	☐	☐	Urlaub
☐	☐	☐	Körperl. Betätigung u. Sport
☐	☐	☐	Faulenzen
☐	☐	☐	Bildung
☐	☐	☐	Vergnügen
☐	☐	☐	Familienfeiern

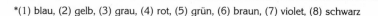

*(1) blau, (2) gelb, (3) grau, (4) rot, (5) grün, (6) braun, (7) violet, (8) schwarz

103

10 nen; Arbeiter, Beamte, Landwirte, Lehrer, Ärzte, Geschäftsleute,°—alle kann man in den Anzeigen finden. Früher   *business people*
waren die Kunden dieser Heiratsinstitute hauptsächlich° ältere   *predominantly*
Frauen, aber heute gibt es immer mehr junge Männer, die durch
ein Heiratsinstitut einen Partner fürs Leben suchen. In Deutschland
15 gibt es nämlich in der Altersgruppe zwischen 18 und 25 etwa
130 000 mehr Männer als Frauen.

Warum brauchen manche Menschen die Hilfe einer Heiratsvermittlung, um eine Frau oder einen Mann zu finden? Vielleicht sind
die Menschen scheu;° vielleicht haben sie wenig Gelegenheit, an-   *shy*
20 dere Männer oder Frauen kennenzulernen; vielleicht finden sie sich
nicht sehr attraktiv; vielleicht sind sie erfolgreiche° Geschäftsleute,   *successful*
die zu wenig Zeit haben, intensiv nach einem Partner zu suchen;
oder vielleicht glauben sie, daß ein Computer den idealen Partner
für sie finden kann.

25 Wieviel kostet der Versuch durch eine Heiratsvermittlung einen
Partner zu finden? Vor nicht langer Zeit, zum Beispiel, verdienten
Heiratsvermittler in einem Jahr 270 Millionen deutsche Mark.
200 000 Kunden bezahlten zwischen DM 500.– und DM 3 500.–
an Heiratsinstitute. Heiratsvermittler behaupten,° daß 55 bis 60   *claim*
30 Prozent ihrer Kunden zufrieden sind, und daß jährlich° ungefähr   *annually*
50 000 Heiraten vermittelt° werden.   *arranged*

Was halten Sie davon? Wollen Sie es auch einmal versuchen?
Wir garantieren keinen Erfolg, aber man kann ja nie wissen . . . .

Reading Hint

There is a sizable group of German verbs which end in -**ieren**.
These verbs originate from the Latin; many of them appear in
English with a slightly different spelling. Can you guess the
meaning of the following verbs?

interpretieren	charakterisieren	marschieren
garantieren	spionieren	finanzieren
kontrollieren	registrieren	akzeptieren
studieren	balancieren	jubilieren
funktionieren	reagieren	konjugieren
reparieren	animieren	emanzipieren
kapitulieren	adoptieren	gestikulieren

NOTE: These verbs are regular, weak verbs, but the past parti-
ciple is formed without the prefix **ge-**:
Er hat lange **studiert.**
Der Beamte hat den Paß **kontrolliert.**
Die Maschine hat nicht **funktioniert.**

Activities

A Fragen über den Text

1. Gibt es einen bestimmten Menschentyp, der durch ein Heiratsinstitut einen Ehepartner sucht?
2. Ungefähr wieviel Dollar kann die Partnersuche kosten? (Rufen Sie eine Bank an, wenn Sie den Wechselkurs *(exchange rate)* der DM nicht wissen!)
3. Wo kann man Heiratsanzeigen finden?
4. Warum suchen manche Menschen die Hilfe eines Heiratsinstituts?

B Richtig oder falsch?

If the statement is incorrect, correct it.

1. Zur Zeit gibt es mehr junge Mädchen als junge Männer in Deutschland.
2. Viele junge Menschen suchen die Hilfe einer Ehevermittlung.
3. Die Suche nach einem Ehepartner kann über $1 000 kosten.
4. Ungefähr 50 Prozent der Kunden eines Heiratsinstituts finden einen Ehepartner. (Achtung! Sie müssen mathematisch denken!)
5. Deutsche Frauen heiraten lieber Männer, die größer sind als sie. (Um die Antwort zu finden, lesen Sie die Anzeigen in diesem Kapitel.)
6. Deutsche Männer lieben Frauen, die älter sind als sie. (Lesen Sie die Anzeigen in diesem Kapitel.)
7. Den Heiratsanzeigen nach sind deutsche Frauen sehr emanzipiert.

C Fragen über die Heiratsanzeigen

Lesen Sie die Anzeigen und suchen Sie die korrekten Antworten. (Mehrere Antworten können korrekt sein.)

1. Der Lehrer aus dem Raum Hessen sucht eine Frau, die . . .
   a. lange Haare hat.
   b. kinderlieb ist.
   c. keinen Alkohol trinkt.
   d. über 30 Jahre alt ist.

Raum Hessen

Gemeinsam, d. h. zu zweit, dritt, viert, fünf . . . (oder noch mehr Nachwuchs?!?), geht es besser; das meine ich: Lehrer, 29 Jahre, 175 cm, kath., schlank, dunkle Haare, ledig, gutaussehend (meinen andere!), bevorzuge rustikale Wohn- und Lebensweise (übrigens: koche selbst sehr gern!), treibe Sport (Tennis, Tischtennis, Wandern), lese viel (Hauptmann, Brecht, Hamsun, Ibsen, Strindberg), reise gern (z. B. im Sommer: Finnland, im Winter: Norwegen), höre Musik (Folklore, Klassik), bastle und male, bin aufgeschlossen, humorvoll, gesellig, kinderlieb, manchmal etwas romantisch und einem kühlen Tropfen (Gerstensaft oder Wein) nicht abgeneigt.
Wie ich Sie mir vorstelle? Hübsch sollte sie sein, lange Haare haben, natürlich, intelligent, schlank, ledig, gesellig, kinderlieb und höchstens 25 Jahre alt sein.
Zuschriften mit Ganzphotos (selbstverständlich zurück!) unter ZW 5832 an DIE ZEIT, 2 Hamburg 1, Pressehaus.

2. Welche Hobbys hat der Lehrer aus dem Raum Hessen?
   a. Er wandert gern und spielt Tennis.
   b. Er liebt Literatur und gute Musik.
   c. Er reist gern in südliche Länder.
   d. Er spielt gern Fußball und Handball.

3. Die 32-jährige Haushälterin sucht einen Mann, der . . .
   a. Lehrer ist.
   b. Beamter ist.
   c. solide und anständig ist.
   d. Landwirt ist.

> ■ **32jährige Haushälterin,** schlank, sehr gut aussehend, m. Herz und Humor, sehr tier-u. kinderliebend, möchte gern einem anständigen u. soliden Landwirt eine treusorgende Ehefrau werden. Bitte schreiben Sie mir bald! MP 1028 **Inst. Wieners.** 8542 Roth b. Nbg., Gartenstraße 13

> ## Universitäts-Professor mit zwei Kindern
>
> sucht Partnerin und neue, liebevolle Mutter für seine gutorzogenen, netten, aufgeweckten Buben (6 u. 9). Wir leben in Bayern, sind jedoch Norddeutsche. ER ist 1,81, schlank u. gutaussehend, 44 J., aber jünger wirkend, jugendl., jedoch kein sportlicher, sondern feinsinniger Typ; tolerant und anpassungsfähig, zuverlässig und weltoffen, aufgeschlossen für Kunst und Kultur. SIE soll aus kultiviertem, gutem Hause sein, schlank und möglichst Nichtraucherin, nicht unter 1,68 und nicht über 32. Ersehnt wird sanfte, humorvolle Lebensgefährtin, die sich selbst noch 1-2 eigene Kinder wünscht, gerne einen. gepflegten, stilvollen Haushalt (mit Garten) führt, sowie Freude und Geschick im Umgang mit Kindern hat.
> Bild und Kurzlebenslauf bitte unter ZD 5836 an DIE ZEIT, 2 Hamburg 1, Pressehaus.

4. Der Universitätsprofessor mit zwei Kindern . . .
   a. kommt aus Norddeutschland.
   b. ist 30 Jahre alt.
   c. möchte eine Frau, die wenigstens zwölf Jahre jünger ist als er.
   d. mag keine Frauen, die Zigaretten rauchen.

5. Waltraud, die junge Witwe, . . .
   a. hat mehrere Kinder.
   b. ist sehr arm.
   c. findet sich attraktiv.
   d. sucht einen reichen Mann, weil sie nicht arbeiten will.

> **Waltraud, 32 J. junge Witwe** ohne Anhang, ist finanziell gut versorgt, sieht gut aus, liebt ein gepflegtes Heim, arbeitet wieder im Großbetrieb, sehr einsam. Briefe bitte an DEPA-V, 872 Schweinfurt, Rückertstr. 19, oder an DEPA-V, 87 Würzburg, Domstr. 18 unter W 32475

> ## Berlinerin gesucht
>
> Wenn Sie wie ich mit Zärtlichkeit, Wärme und Optimismus eine lebendige und fröhliche Ehe aufbauen wollen, dann melden Sie sich doch bitte. Geschäftsmann, 40, 1,70, dunkel, schlank, mit Sohn, 8, blond und munter, sucht kein Hausmütterchen, sodern eine intelligente, kinderliebe Frau. Ihre Bildzuschrift bitte unter ZN 5845 an DIE ZEIT, 2 Hamburg 1, Pressehaus.

6. Der Herr, der eine Berlinerin als Frau sucht, . . .
   a. ist von Beruf Journalist.
   b. war schon einmal verheiratet und ist jetzt entweder verwitwet oder geschieden.
   c. sucht eine Frau, die sich nur für den Haushalt interessiert.
   d. ist blondhaarig und munter.

7. Der 27-jährige Arbeiter . . .
    a. hat vier Kinder.
    b. wohnt in einer kleinen Wohnung.
    c. lebt mit seiner Mutter zusammen.
    d. sucht eine reiche Frau.

> **Arbeiter,** 27 Jahre, 1,72 groß, schwarz. Haar. lebe allein mit meiner Mutter, habe neues Haus (bezahlt), sehr guten Verdienst. Suche ein Mädel zwecks Heirat. auch ohne Vermögen. Möglichst Bildzuschr. an MP unt. P 223

8. Der Bauunternehmer *(contractor)*, Anfang 30 . . .
    a. läuft gern Schi.
    b. schwimmt gern.
    c. sucht eine Frau, die im Geschäft mithelfen kann.
    d. ist schon zweimal geschieden.

> ■**Bauunternehmer, Anfang 30,** mit eigenem großen Betrieb, gutsituiert, mit Grundstücken u. Barvermögen, 1,74 gr., dunkel. Freizeit: Wintersport, Baden, Wandern, sucht passendes Mädchen mit geschäftl. Interesse kennenzulernen. Nur gegenseitige Zuneigung entscheidet. MP 1025 **Inst Wi 8542 Roth b.**

D Welche Eigenschaften *(qualities, characteristics)* suchen Sie bei Ihrem idealen Partner?

Make sentences expressing your personal preferences using the adjectives provided, or your own.

Der Mann meiner Träume muß _____ sein.
Die Frau meiner Träume muß _____ sein.

intelligent	einfach	feminin	gesund
schön	tolerant	treu	temperamentvoll
jung	reich	nett	zärtlich *(tender)*
schwarzhaarig	lustig	weich	schlank *(slender)*
ordentlich	sportlich	sauber	gebildet *(well educated)*
aggressiv	humorvoll	erfolgreich	anständig *(decent, respecta-*
natürlich	praktisch	fromm	*ble)*
kinderlieb	ruhig	elegant	ehrlich *(honest)*
romantisch	sexy	tierlieb	sparsam *(frugal)*
stark	blond	emanzipiert	?
zuverlässig *(de-*	groß	sensibel	
pendable)	fleißig	gemütlich	

E Sexstereotypen I

Using the adjectives given above, or others you can think of, classify them into qualities which are, in your experience, traditionally associated with a female, a male, or which are neutral and can be applied to both. Make a list.

        weibliche Eigenschaften   männliche Eigenschaften
        z. B. weich   *z. B. aggressiv*

             neutrale Eigenschaften
                z. B. reich
                   ?

Wo kann man einen Ehepartner finden?

Using the scale given, indicate the likelihood of finding a marriage partner in the following places. Explain your answers.

5	4	3	2	1

Dieser Ort bietet sehr gute Möglichkeiten, einen Partner kennenzulernen.	Es ist möglich, aber nicht sehr wahrscheinlich, hier einen Partner kennenzulernen.	Es ist praktisch unmöglich, an diesem Ort einen Partner kennenzulernen.

a. _____ im Studentenheim
b. _____ in der Deutschklasse
c. _____ auf dem Campingplatz
d. _____ in der Autowerkstatt *(-repair shop)*
e. _____ im Friseurgeschäft *(beauty/barber shop)*
f. _____ auf dem Sportplatz
g. _____ in einer Bar
h. _____ im Flugzeug
i. _____ im Krankenhaus
j. _____ auf der Universität
k. _____ in der Bäckerei
l. _____ im Büro
m. _____ im Konzert
n. _____ im Café
o. _____ im Kino
p. _____ im Zug
q. _____ im Schulbus
r. _____ im Restaurant
s. _____ im Supermarkt
t. _____ in der Schule
u. _____ in der Kirche
v. _____ im Schwimmbad
w. _____ im Theater
x. _____ in der Diskothek
y. _____ ?

G **Welcher Beruf ist ideal für die Partnersuche?**

Using the scale given, indicate which people have the best chances of meeting a marriage partner in their profession. Explain your answers.

	5	4	3	2	1
Dieser Beruf bietet sehr gute Möglichkeiten.		Dieser Beruf bietet wenige Möglichkeiten.		Dieser Beruf bietet keine Möglichkeiten.	

a. _____ Lastwagenfahrer *(truck driver)*
b. _____ Krankenpfleger
c. _____ Rechtsanwalt *(lawyer)*
d. _____ Mechaniker
e. _____ Architekt
f. _____ Bauunternehmer
g. _____ Schneider
h. _____ Ingenieur
i. _____ Bäcker
j. _____ Apotheker
k. _____ Arbeiter
l. _____ Sänger
m. _____ Sekretär
n. _____ Verkäufer
o. _____ Polizist
p. _____ Filmschauspieler *(actor)*
q. _____ Kellner
r. _____ Landwirt
s. _____ Beamte
t. _____ Soldat
u. _____ Arzt
v. _____ Pilot
w. _____ Pfarrer *(priest/minister)*
x. _____ Lehrer
y. _____ ?

H   Weibliche Berufe

Give the female equivalents of the professions given in Exercise G by adding the suffix -in and changing the article. Note that in some professions or trades (e.g., **Pfarrer, Ingenieur, Maurer, Soldat***) the female equivalent is not commonly used.*

I   Sexstereotypen II

Welche Berufe sind traditionelle weibliche Berufe? Welche Berufe sind traditionelle männliche Berufe? Machen Sie eine Liste.

weibliche Berufe	Männliche Berufe
z. B. Sekretärin	*z. B. Bauunternehmer*
?	?

J Der Körper

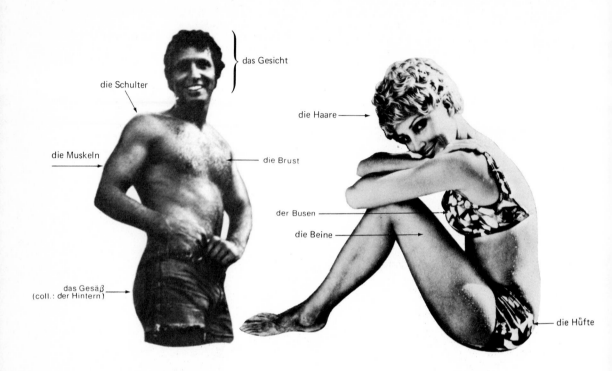

die Schulter

das Gesicht

die Haare

die Muskeln

die Brust

der Busen

die Beine

das Gesäß
(coll.: der Hintern)

die Hüfte

K Meinungsumfrage

Machen Sie eine Meinungsumfrage (opinion poll), *indem Sie Ihre Klassenka-meraden, Ihre Eltern, Ihre Lehrer, Ihre Freunde fragen:* „Was bemerken Sie zuerst, wenn Sie einen jungen Mann (ein junges Mädchen) kennenlernen? Nennen Sie die fünf wichtigsten Attribute!"

Ich bemerke *(notice)* zuerst _____, dann _____, _____, _____ und _____.

Meine Mutter bemerkt zuerst _____.
Mein Vater bemerkt zuerst _____.
Meine Freunde bemerken zuerst _____.
Meine Freundinnen bemerken zuerst _____.
?

a.	_____ die Kleidung	f.	_____ die Hüften
b.	_____ die Schultern	g.	_____ die Nase
c.	_____ die Muskeln	h.	_____ die Figur
d.	_____ das Make-up	i.	_____ die Haare
e.	_____ die Zähne	j.	_____ den Busen

k.	_____	die Augen	p. _____	die Haut
l.	_____	den Hals	q. _____	die Hände
m.	_____	die Fingernägel	r. _____	die Beine
n.	_____	die Stimme	s. _____	den Mund
o.	_____	das Gesicht	t. _____	?

L   Der ideale Partner

Beschreiben (describe) *Sie Ihren idealen Partner!*

Wie sieht er/sie aus? (Größe, Figur, Haarfarbe, Augenfarbe, Alter usw.)
Was ist er/sie von Beruf?
Welche Interessen muß er/sie haben?
Für welche Sportarten muß er/sie sich interessieren?
Welche Hobbys muß er/sie treiben?
?

M   Heiratsanzeige

Construct a marriage ad for yourself or for a friend. (If the ad is for a classmate, you might want to let your fellow students guess whom you are trying to marry off.) You may use the format below or construct your own, based on the ads in this chapter.

Suche eine(n) _____ Partner(in) fürs Leben. Ich bin _____ ,
               Adjektiv   Beruf

_____ , _____ Meter groß, wiege _____ kg, habe
Alter   Größe   Gewicht

_____ Augen, _____ Haare und eine _____
Farbe   Farbe   Adjektiv

Figur. Ich interessiere mich für _____ , _____ ,
                                            Substantiv   Substantiv

_____ , und _____ . Der Mann/Die Frau meiner Träume sollte nicht
Substantiv   Substantiv

über _____ Jahre alt sein. Er/Sie muß _____ , _____
      Alter   Adjektiv   Adjektiv

und _____ sein und muß gern _____ , _____ und
    Adjektiv   Verb   Verb

_____ .
Verb

N Quiz

Möchten Sie eine traditionelle Ehe?

The following quiz will give you an idea of whether you tend toward a traditional or an "emancipated" marriage. Answer each question by circling the appropriate number on the right. If you are female, indicate your response on the line marked ♀. If you are male, use the line marked ♂.

		Ihre Meinung:		
	Sie sind:	Ja.	Ist mir egal.	Nein.
1. Möchten Sie, daß Ihre Frau/Ihr Mann größer ist als Sie?	♂	1	3	5
	♀	5	3	1
2. Möchten Sie, daß Ihre Frau/Ihr Mann älter ist als Sie?	♂	1	3	5
	♀	5	3	1
3. Möchten Sie, daß Ihre Frau/Ihr Mann gebildeter ist als Sie?	♂	1	3	5
	♀	5	3	1
4. Möchten Sie, daß Ihre Frau/Ihr Mann mehr Geld verdient als Sie?	♂	1	3	5
	♀	5	3	1
5. Möchten Sie, daß Ihre Frau/Ihr Mann einen Job hat?	♂	1	3	5
	♀	5	3	1
6. Möchten Sie, daß Ihre Frau/Ihr Mann emanzipiert ist?	♂	1	3	5
	♀	5	3	1
7. Möchten Sie, daß Ihre Frau/Ihr Mann attraktiv ist?	♂	5	3	1
	♀	5	3	1
8. Möchten Sie, daß Ihre Frau/Ihr Mann aus guter Familie kommt?	♂	5	3	1
	♀	5	3	1
9. Möchten Sie, daß Ihre Frau/Ihr Mann Nichtraucher ist?	♂	5	3	1
	♀	1	3	5
10. Möchten Sie, daß Ihre Frau/Ihr Mann in die gleiche Kirche geht?	♂	5	3	1
	♀	5	3	1
11. Möchten Sie viele Kinder haben?	♂	5	3	1
	♀	5	3	1

(Add all numbers you have circled and divide the sum by 11.)

Resultat

Wenn Sie 4,3 bis 5,0 haben, möchten Sie eine traditionelle Ehe.
Wenn Sie 2,2 bis 4,2 haben, sind Sie emanzipiert.
Wenn Sie 1,0 bis 2,1 haben, sind Sie nicht ganz normal.

KAPITEL
DREIZEHN
Mitbestimmen°—
aber was?

co-determination

Es ist Pause. Einige Schüler gehen an den Bäckerstand, andere
stehen am Getränkeautomat. Der „Pausen-Shop" ist der größte
Erfolg° der Schülervertretung° an der Lauterborn-Schule in Offenbach. Fast drei Jahre lang haben Schüler mit Lehrern und Eltern
5 um diesen „Shop" gekämpft.°

success/student council

fought

Schülermitbestimmung an deutschen Schulen—wie funktioniert
das? Welche Rechte haben die Schüler? Nutzen sie ihre
Möglichkeiten aus?°

Nach dem Gesetz° vertritt° die SV (Schülervertretung) die Inter-
10 essen der Schüler. Die Mitglieder° der SV arbeiten selbständig und
sind nicht von Lehrern und Schule abhängig.° Dadurch sollten die
Schüler eine wichtige Stimme in der Schule haben. Wie sieht es
aber wirklich aus?

take advantage of
law/represents
members
dependent

Gunter Loew, achtzehn Jahre alt, in der 13. Klasse, meint
15 dazu: „Man darf nicht zu viel erwarten.° Die SV ist keine Mini-Ge-
werkschaft.° Aber sie macht es möglich, daß Schüler mitreden
können. Doch wir Schüler können nicht sehr viel für die SV tun.
Wir haben keine Zeit, weil wir für unser Abitur° arbeiten müssen.
Das Abitur ist wichtiger als die Arbeit in der SV."

expect
union

*entrance exam for German
university*

20 Martin Bechtel and Christof Baron (beide dreizehn Jahre alt)
vom Heinrich-von-Gagern[1]-Gymnasium in Frankfurt reden aber
vom Erfolg der SV. In manchen Fächern (z. B. Biologie, Chemie
und Physik) dürfen die Schüler bei ihren Noten° mitbestimmen. Sie
diskutieren die Noten aller Klassenkameraden. Christof und Martin
25 meinen: „Da lernt man objektiv zu beurteilen,° auch wenn man
einen anderen Schüler nicht mag."

grades

judge

[1]**Heinrich von Gagern**—German statesman and president of the *Frankfurter Parlament* (1848–1849) which attempted to unify Germany under a constitutional mon-
archy. The parliament was unsuccessful.

$$2 + 2 = 5$$

„TUT MIR LEID, HERR DIREKTOR – ABER
WIR HABEN DARÜBER ABGESTIMMT"

Jedoch interessieren sich die meisten Schüler immer noch nicht
für die Arbeit der SV, denn sie kann große Probleme doch nicht
lösen.° Heidi Müller aus Bonn erzählt: „Unserer Schule geht es   *solve*
30 besonders schlecht. Wir haben zu wenige Klassenräume, zu wenige Bücher, zu wenige Lehrer und zu viele Schüler in jeder
Klasse. Die Schülervertretung kann da nichts machen. Sie ist
machtlos.° Um solche Probleme zu lösen, braucht man Geld."   *powerless*
Manche Lehrer glauben, daß der Unterricht° durch die Arbeit   *instruction*
35 der SV besser wird. Zum Beispiel müssen die Lehrer die Arbeiten
der Schüler genauer beurteilen. Auch können Eltern die Klassen
besuchen. Das heißt, die Lehrer müssen sich besser vorbereiten,
damit sie vor den Eltern keine Fehler machen.
Vielleicht ist das Interesse an der SV nur eine Frage der Zeit. Die
40 Schülervertretung ist wie die Demokratie: Man muß lernen, die
Möglichkeiten auszunutzen. (Adapted from *Scala*.)

Cultural Note

The **Schülervertretung** is only one of many characteristic features of German schools. Those students who intend to study at a university or college will attend either a **Gymnasium** or a **Real-schule** (see the Cultural Note in Chapter 6). Students in German schools usually do not change classrooms for every subject. They remain in the same classroom throughout the day, except for those classes for which special facilities are required, e.g., music, physics, sports, etc. Teachers, rather than students, move from class to class. The course-work completed in these schools is highly unified, with fewer electives offered than in American high schools. As seen in the sample lesson plan below, not every subject is offered daily. Consequently the students are exposed to a wide variety of subjects.

Gymnasium
Klasse 6A

STUNDENPLAN

	Montag	Dienstag	Mittwoch	Donners-tag	Freitag	Samstag
7.55–8.40	Latein	Zeichnen	Geschichte	Deutsch	Latein	Mathematik
8.40–9.25	Biologie	Mathematik	Deutsch	Englisch	Englisch	Erdkunde
9.40–10.25	Englisch	Religion	Englisch	Religion	Biologie	Sport
10.25–11.10	Deutsch	Chemie	Physik	Chemie	Deutsch	Sport
11.20–12.05	Geschichte	Latein	Mathematik	Mathematik	Zeichnen	
12.05–12.50	Physik	Erdkunde	Latein			

Although most students remain in the same classroom for long periods of time, they do have a chance to relax during the **große Pause,** a mid-morning break in the school day, lasting usually from fifteen to twenty-five minutes. During this break, students gather in the **Schulhof** (school courtyard) for recreation, discussion, and **Pausenbrot** (often a sandwich and/or fruit they bring from home).

The German school day is shorter than its American counterpart. The regular school day ends at approximately one o'clock in the afternoon. (Usually only special-interest elective courses are offered in the afternoon.) As a result, schools have no need for cafeterias or study halls. However, homework is plentiful.

Activities

A   Fragen über den Text

1. Was ist der größte Erfolg der Schülervertretung an der Lauterborn-Schule?
2. Wohin gehen die Schüler in der Pause?
3. Wie lange haben die Schüler um den „Pausen-Shop" gekämpft?
4. Was vertritt die SV dem Gesetz nach?
5. Warum ist die SV selbständig?
6. Was können Schüler, nach Gunter Loew, durch die SV tun?
7. Warum haben die Schüler so wenig Zeit?
8. Welchen Erfolg hat die SV am Heinrich-von-Gagern-Gymnasium?
9. Was lernt man, wenn man die Noten anderer Klassenkameraden diskutiert?
10. Welche Probleme hat Heidi Müllers Schule?
11. Warum kann die SV, nach Heidis Meinung, nichts machen?
12. Wie verbessert die SV den Unterricht?

B   Mitbestimmen—aber was?

The school is not the only area in which decisions are made which affect young people. Family decisions also present problems. What role should the younger members of the family play in making these decisions? Rank the following statements according to their importance to you. Then compare your rankings with those of your fellow students. Explain your choices, if you wish.

Jugendliche sollen mitbestimmen, . . .

a. _____ wo die Familie wohnt.
b. _____ welche Schule sie besuchen.
c. _____ wohin die Familie in den Ferien reist.
d. _____ was die Familie ißt.
e. _____ wenn Disziplinfragen diskutiert werden.
f. _____ wofür ihre Eltern Geld ausgeben.
g. _____ welche Kleidung sie tragen.
h. _____ welche Pflichten *(duties)* jedes Familienmitglied *(family member)* zu Hause hat.
i. _____ welches Fernsehprogramm die Familie sieht.
j. _____ wie ihr Zimmer eingerichtet *(furnished)* wird.
k. _____ wieviel Taschengeld *(allowance)* sie bekommen.
l. _____ ?

C Wer soll das entscheiden?

Often decisions concerning school policies and activities can be problematic because they affect many people. Who should be responsible for these decisions? Combine the following sentence elements to express your personal opinion about the decision-making processes in your school. If you wish, explain your opinion.

Nur Lehrer oder Professoren	sollen	den Unterricht planen.
Nur Schüler oder Studenten	soll	die Noten entscheiden.
Schüler und Lehrer		den Stundenplan entscheiden.
Eltern		Konzerte organisieren.
Der Schuldirektor		Schulpartys veranstalten.
Die Schulverwaltung (-administration)		Filme aussuchen.
?		Vorträge *(lectures)* arrangieren.

Nur Lehrer oder
   Professoren
Nur Schüler oder
   Studenten
Schüler und Lehrer
Eltern
Der Schuldirektor
Die Schulverwaltung
   (-administration)
?

sollen
soll

den Unterricht planen.
die Noten entscheiden.
den Stundenplan entscheiden.
Konzerte organisieren.
Schulpartys veranstalten.
Filme aussuchen.
Vorträge *(lectures)* arrangieren.
über Pausen und Ferien entscheiden.
Schulbücher aussuchen.
über Geldsachen entscheiden.
Kopiergeräte benützen *(use)* können.
die Hausaufgaben bestimmen.
den Speiseplan entscheiden.
Disziplin und Ordnung bestimmen.
beim Kauf von Unterrichtsmitteln mitbestimmen.
das Recht haben zu protestieren.
das Recht haben zu streiken.
?

D   Mit wem streitet man sich?

Make original sentences by combining elements from each column.

Junge Leute	nie		ihren Geschwistern		Hausaufgaben.
streiten sich	selten		ihren Freunden		Musik.
?	manchmal	mit	ihren Freundinnen	über	das Fernsehen.
	oft		ihren Lehrern		die Arbeit.
	immer		ihren Eltern		das Auto.
			?		Geld.
					Noten.
					moralische Prinzipien.
					Freunde.
					die Schule.
					Kleider.
					Sport.
					Mädchen.
					Jungen.
					das Benehmen.
					lange Haare.
					Jeans.
					?

E   Was darf man tun?

Often the context of a situation determines whether or not some behavior or activity is permissible. Based on the situations below, decide what you feel is permissible or prohibited in each instance. You might use the statements which follow the situations as a basis for your own decision. Explain your answers, if you wish.

  1. Was darf man in der Kirche (nicht) tun?
  2. Was darf man im Unterricht (nicht) tun?
  3. Was darf man in einem eleganten Restaurant (nicht) tun?
  4. Was darf man in einem Auto (nicht) tun?
  5. Was darf man im Krankenhaus (nicht) tun?
  6. Was darf man zu Hause (nicht) tun?
  7. Was darf man in der Bibliothek (nicht) tun?
  8. Was darf man vor dem Präsidenten (nicht) tun?
  9. Was darf man bei einem Jobinterview (nicht) tun?
 10. Was darf man bei Freunden (nicht) tun?
 11. Was darf man bei Fremden (nicht) tun?

Man darf . . .

  a. (nicht) die Schuhe ausziehen.
  b. (nicht) rauchen.
  c. (nicht) die Füße auf den Tisch legen.

d. (nicht) laut sprechen.

e. (nicht) viel Bier trinken.

f. (keine) Hunde mitbringen.

g. (nicht) tanzen.

h. (kein) Wasser bestellen.

i. (nicht) einschlafen *(fall asleep)*.

j. sich (nicht) auf den Kopf stellen.

k. (keinen) Kaugummi kauen.

l. (nicht) fluchen *(curse)*.

m. ?

F Sign Language: The German *Schilderwald*

One way to communicate decisions and regulations (co-determined or other-wise) is via signs. Traditionally signs have been an important aspect of life in Germany. Even today, the careful observer discovers a wide variety of signs, a **Schilderwald** *(forest of signs) ranging from graffiti scribbled randomly on univer-sity walls to officially printed messages attached to doors, walls, fences, etc. Many of these signs fulfill necessary functions, such as* **Offen, Geschlossen,**

Eingang, *or* **Rauchen verboten.** *But some signs seem to get tangled up in stilted official language which can obscure the message. Or an arrangement of various signs sometimes will contradict logic. In such instances, the result is not only confusion, but unintentional humor, as the following signs demonstrate. Based on the signs of this exercise, the results of exercise E, and/or your own need for "rules" in your classroom or at home, construct your own signs. (Be as serious or as humorous as you wish!) Afterwards you might explain orally in German, where you would hang your signs and why. (The German term for sign is* **das Schild,** *pl.* **-er.***)*

G Soll man eine Strafe bekommen?

Punishment for various offenses also necessitates decisions. Given the opportunity, how would you make such decisions? Based on the following situations, determine the punishment that you feel would be most appropriate in each instance. You may either choose your response from the suggestions that follow each situation, or make up your own. Explain each decision, if you wish.

1. Frau Müller ist Witwe mit fünf Kindern. Sie hat ihre Stellung verloren. Sie wird im Supermarkt beim Diebstahl *(theft)* erwischt *(caught)*. Welche Strafe soll sie bekommen?
    a. Sie soll eine kleine Geldstrafe von DM 20 bekommen.
    b. Sie soll eine Gefängnisstrafe *(prison sentence)* von einem Monat bekommen.
    c. Sie soll keine Strafe bekommen.
    d. ?

2. Hans ist sechzehn Jahre alt. Er hat innerhalb von zwei Wochen dreimal die Schule geschwänzt *(skipped)*. Welche Strafe soll er bekommen?
    a. Er soll schlechte Noten bekommen.
    b. Er soll sein Klassenzimmer aufräumen *(tidy up)*.
    c. Er soll keine Strafe bekommen.
    d. ?

3. Der fünfzehnjährige Klaus macht seit zwei Wochen seine Hausaufgaben nicht mehr. Welche Strafe soll er bekommen?
    a. Er soll schlechte Noten bekommen.
    b. Er soll alle Hausaufgaben fünfmal schreiben.
    c. Er soll keine Strafe bekommen.
    d. ?

4. Die kleine Uschi räumt ihr Zimmer nicht auf. Welche Strafe soll sie bekommen?
    a. Sie soll Hausarrest bekommen.
    b. Sie soll einen Monat kein Taschengeld bekommen.
    c. Sie soll das ganze Haus saubermachen.
    d. ?

5. Ulrike ist in der siebten Klasse. Sie sagt ihrer Mutter, daß sie ihre Freundin Helga besucht, geht aber mit Volker ins Kino. Welche Strafe soll sie bekommen?
    a. Sie soll eine Woche lang Geschirr abspülen *(wash dishes)*.
    b. Sie soll Hausarrest bekommen.
    c. Sie soll keine Strafe bekommen.
    d. ?

6. Dieter Braun hat zuviel getrunken. Er fährt trotzdem nach Hause und verursacht einen tödlichen Unfall *(fatal accident)*. Welche Strafe soll er bekommen?
   a. Er soll eine Gefängnisstrafe von einem Jahr bekommen.
   b. Er soll nicht mehr fahren dürfen.
   c. Er soll eine Geldstrafe von DM 800 bekommen.
   d. ?

7. Claudia Schmidt fährt ein neues Auto. Bei einer Verkehrsampel *(traffic light)* versagen die Bremsen *(the brakes fail)* , und sie fährt bei rot über die Kreuzung. Welche Strafe soll sie bekommen?
   a. Sie soll eine Geldstrafe von DM 30 bekommen.
   b. Sie soll nicht mehr fahren dürfen.
   c. Sie soll keine Strafe bekommen.
   d. ?

8. Die Studentin Heidi raucht zum ersten Mal Haschisch und wird von der Polizei erwischt. Welche Strafe soll sie bekommen?
   a. Sie soll eine Geldstrafe von DM 100 bezahlen.
   b. Sie soll eine Gefängnisstrafe von einem Monat bekommen.
   c. Sie soll keine Strafe bekommen.
   d. ?

9. Wolf Adler verkauft schwere Drogen (zum Beispiel LSD, Heroin, usw). an Jugendliche. Er wird von der Polizei erwischt. Welche Strafe soll er bekommen?
   a. Er soll eine Geldstrafe von DM 1 000 bezahlen.
   b. Er soll eine Gefängnisstrafe von einem Jahr bekommen.
   c. Er soll ein Jahr lang jeden Samstag in einem Krankenhaus arbeiten.
   d. ?

10. Der sechzehnjährige Albert bekommt nicht genug Taschengeld und nimmt öfters Geld aus dem Geldbeutel seiner Mutter. Sein Vater erwischt ihn dabei. Welche Strafe soll er bekommen?
    a. Er soll kein Taschengeld mehr bekommen.
    b. Er soll keine Strafe bekommen.
    c. Er darf abends nicht mehr ausgehen.
    d. ?

H Diskussionsfragen

1. Bei welchen Fragen soll die Schülervertretung mitbestimmen? Bei welchen Fragen nicht? Warum oder warum nicht? Was passiert, wenn Schüler zu wenige Rechte haben? Zu viele?

2. Was sind die größten Probleme einer SV? Wie könnte man solche Probleme lösen?

3. Einige glauben, daß die SV eine Gefahr für die akademische Freiheit bedeute. Wie könnte die Arbeit der Schülervertretung die akademische Freiheit einschränken *(limit)*? Warum is das ein Problem?

KAPITEL

VIERZEHN

Gangster, Geld und Gartenzwerge°

-dwarfs

Jede große Stadt hat ein Wahrzeichen,° etwas Typisches. Oft ist *landmark*
es ein bekanntes Haus, eine schöne Kirche, oder ein besonders
hoher Turm.° Aber es gibt auch unsichtbare° Wahrzeichen—das *tower/invisible*
„Image". Zum Beispiel halten viele Leute Chikago für eine Gang-
5 sterstadt, und bei dem Namen London sehen sie Männer mit
schwarzen Hüten, Regenschirmen und einer *Times* in der Tasche.
Wir wollen wissen, was junge Deutsche von den größten Städten
der Bundesrepublik halten,° and wir fragen: *think about*
　　Woran denken Sie ganz spontan bei dem Namen der Stadt
10 *. . . ?*
　　. . .Kiel?—Antwort: An Fischverkäufer mit Kieler Sprotten. (Das ist
eine Kieler Spezialität: ganz kleine geräucherte° Fische.) *smoked*
　　. . .Hamburg?—An Nachtklubs auf der Reeperbahn. (Hamburg ist
eine Hafenstadt, und die Reeperbahn ist eine weltbekannte Straße
15 mit vielen Diskotheken und Bars.)
　　. . .Berlin?—An Kneipen° und Berliner „Schnauze".° (In Berlin *taverns/big mouth (snout)*
gibt es an fast jeder Ecke eine Kneipe, wo man Bier trinken
kann—etwa 1 500 davon. Mit „Schnauze" meint man die leben-
dige Art zu reden,° die für Berliner typisch ist.) *talk*
20 . . .Hannover?—An einen Mann, der einen Stock° verschluckt° *stick/swallowed*
hat. (Die Hannoveraner, so heißt es, sind sehr „steif", als hätten
sie einen Stock verschluckt. Man meint damit ihre stille, ernste
Art.)
　　. . .Düsseldorf?—An elegante Autos. (Düsseldorf ist die Stadt der
25 Mode und der Millionäre—von dort wird das Ruhrgebiet verwaltet.°) *managed*
　　. . .Köln?—An den Dom°. (Der Dombau dauerte 632 Jahre *cathedral*
1248–1880. Er wird noch restauriert.)
　　. . .Bonn?—An unverheiratete° Frauen. (In der deutschen Haupt- *single*
stadt gibt es viele Ministerien mit noch mehr Sekretärinnen.)

30 . . .Kassel?—An Gartenzwerge[1]. (Die Stadt ist ruhig und bürgerlich,° aber alle vier Jahre gibt es dort die „ Documenta"— eine Ausstellung° der hochmodernen Kunst.)

middle class
exhibit

[1]These are little dwarfs made of plastic or wood, fashioned after the ones in *Snow White*. Many Germans put these idyllic, colorful figurines in their yards or gardens for decoration. They are considered a symbol of middle class taste.

. . .Wiesbaden?—An Roulette. (In der bekannten Spielbank verliert mancher viel Geld.)

35 . . .Mainz?—An die Mainzelmännchen. (Das sind kleine Trickfi-guren,° die man zwischen Werbesendungen° des Zweiten Deutschen Fernsehprogramms sehen kann. Das ZDF hat in Mainz seine Zentrale.)   *cartoon figures/commercials*

. . .Saarbrücken?—An Langeweile. (Vielleicht weil es dort sehr viel
40 Industrie gibt?)

. . .Frankfurt?—An „ Appelwoi°-Chikago". (Apfelwein ist das Hes-sische Nationalgetränk.° Chikago sagt man, weil es in Frankfurt neben vielen Hochhäusern viele „Gangster" gibt.)   *dialect for apple wine / national beverage*

. . .Nürnberg?—An Lebkuchen° und Spielwaren. (Lebkuchen sind   *gingerbread cookies*
45 eine Weihnachtsspezialität dieser Stadt. Auch die internationale Spielwarenmesse° in Nürnberg ist für Kinder besonders interes-sant.)   *toy fair*

. . .Freiburg?—An Kuckucksuhren. (Freiburg ist das Tor zum Schwarzwald. Von dort kommen die weltbekannten Kuckucks-
50 uhren.)

. . .München?—An Jodeln, Bier, Prügeleien° und Franz Becken-   *brawls*
bauer. (Das Jodeln—eine Art Singen—ist heute nicht mehr so be-liebt° wie früher. Bier gehört in Bayern zu den Grundnahrungsmit-   *popular*
teln.° Man sagt, daß die Bayern sich gern schlagen,° wenn sie   *basic nutrition/beat each other up/drunk*
55 betrunken° sind. Und Franz Beckenbauer ist ein großer Fuß-ballstar.) (Adapted from *Scala.)*

Reading Hint

Certain verb phrases cannot be translated directly from German into English. For this reason you should try to grasp the meaning of the phrases as a whole, rather than breaking them down into individual words. For example, in this reading passage there are certain combinations of verbs and prepositions which, if trans-lated word for word, might cause you difficulty:

denken **an** (to think **of**)   *Ich denke oft an meine Reise in die DDR.*

halten **von** (to think **about**)   *Was halten Sie von Mozart?*

meinen **mit** (to mean **by**)   *Damit meint er, daß er nicht kom-men kann.*

sich interessieren **für** (to be interested **in**)   *Meine Frau interessiert sich für Politik.*

bestehen **aus** (to consist **of**)   *Das Drama besteht aus zwei Ak-ten.*

Language Note

Leute, die in Berlin wohnen, sind **Berliner.**
Ein Mann, der in Berlin wohnt, ist **ein Berliner.**
Eine Frau, die in Berlin wohnt, ist **eine Berlinerin.**
Leute, die in Frankfurt wohnen, sind **Frankfurter.**
Ein Mann, der in Frankfurt wohnt, ist **ein Frankfurter.**
Eine Frau, die in Frankfurt wohnt, ist **eine Frankfurterin.**

ABER:
Leute, die in München wohnen, sind **Münchner.**
Ein Mann, der in München wohnt, ist **ein Münchner.**
Eine Frau, die in München wohnt, ist **eine Münchnerin.**
(German cities that end in **-er** or **-en** drop the —e— before adding **-er** or **-erin**)

AUFPASSEN!
Leute, die in Bremen wohnen, sind **Bremer.**
Ein Mann, der in Bremen wohnt, ist **ein Bremer.**
Eine Frau, die in Bremen wohnt, ist **eine Bremerin.**

FRAGEN:
Wie nennt man einen Mann aus Kiel? aus Hamburg? aus Bonn?
Wie nennt man eine Frau aus Köln? aus Augsburg? aus Wiesbaden?
Wie nennt man Leute aus Saarbrücken? aus Mainz? aus Düsseldorf? aus Nürnberg? aus Wien? aus Leipzig?

Cultural Note

When you travel in Germany you will find that many different dialects are spoken there. Many Germans grow up speaking a dialect at home, while at the same time learning standard German (called **Hochdeutsch**) in school. This standard German is printed in books and newspapers, heard on radio and TV, and used for all official communications. In recent years, because of the higher mobility of people and the influence of the media, the dialects are becoming less predominant, but dialect differences are still far more pronounced in Germany than in America.

Here is an example of a German poem in the Bavarian dialect, and how it would look if it were in High German:

Geh, gib mir a Bussel,
und mach koa so Gschicht!
I druck scho die Augn zua,
daß's niemand siecht.

Geh, gib mir a Bussel!
Oa Bussel—was tuat's?
Es gibt ja nix Bessers,
als wie ebbes Guats.
        Karl Stieler

Hochdeutsch
Geh, gib mir ein Küßchen,
und mache keine solchen Geschichten!
Ich drücke schon die Augen zu,
daß es niemand sieht.

Geh, gib mir ein Küßchen!
Ein Küßchen—was tut das?
Es gibt ja nichts Besseres,
als wie etwas Gutes.

An example of a German poem
in a North German dialect:

In Nord und Süd
de Welt is wit.
In Ost und West
dat Hus is't best.

Gron is dat Land,
rood is de Kant,
witt is de Sand;
dat is de Flagg vun't hillige Land!

Hochdeutsch
Im Norden und im Süden
die Welt ist weit.
Im Osten und im Westen
das Haus ist das Beste.

Grün ist das Land,
rot ist der Strand,
weiß ist der Sand;
das ist die Flagge von Helgoland!

Die Nordsee und der Strand von Helgoland

An example of a dialect spoken in the area of Frankfurt:

Mei Frankfort
Es is kää Stadt uff der weite Welt,
die so mer wie mei Frankfort gefällt.
Un es will mer net in mei Kopp enei,
wie kann nor e Mensch net von Frankfort sei!
Un wär'sch e Engel und Sonnekalb,
a Fremder is immer von außerhalb!
Der beste Mensch is e Ärgernis,
wann er net aach von Frankfort is.
          Adolf Stolze

Hochdeutsch
Es ist keine Stadt auf der weiten Welt,
die mir so wie mein Frankfurt gefällt.
Und es will mir nicht in meinen Kopf hinein,
wie kann nur ein Mensch nicht von Frankfurt sein!
Und wäre es ein Engel und Sonnenkalb,
ein Fremder ist immer von außerhalb!
Der beste Mensch ist ein Ärgernis,
wenn er nicht auch von Frankfurt ist.

 A **Warum sind die folgenden deutschen Städte bekannt?**

1. In München gibt es . . .
   a. die Zentrale des ZDFs.
   b. einen Hafen.
   c. Bier.
   d. Langeweile.

2. In Kiel gibt es . . .
- **a.** Sprotten.
- **b.** teure Autos.
- **c.** Lebkuchen.
- **d.** einen Dom.

3. In Frankfurt gibt es . . .
- **a.** die Reeperbahn.
- **b.** Gangster.
- **c.** die Mainzelmännchen.
- **d.** Gartenzwerge.

4. In Berlin gibt es . . .
- **a.** viele Kneipen.
- **b.** Trickfiguren.
- **c.** Fische.
- **d.** keine Kinos.

5. In Freiburg gibt es . . .
- **a.** viele Nachtklubs.
- **b.** viele Ministerien.
- **c.** viel Industrie.
- **d.** schöne Kuckucksuhren.

6. In Köln gibt es . . .
- **a.** „Appelwoi".
- **b.** modische Leute.
- **c.** einen Dom.
- **d.** viel Geld.

7. In Düsseldorf gibt es . . .
- **a.** viele reiche Leute.
- **b.** Kuckucksuhren.
- **c.** viele Fabriken.
- **d.** Lebkuchen.

8. In Nürnberg gibt es . . .
- **a.** die Mainzelmännchen.
- **b.** schöne Spielwaren.
- **c.** Berge.
- **d.** Schiffe.

9. In Hannover gibt es . . .
- **a.** viel Wein
- **b.** Staub.
- **c.** Studenten.
- **d.** steife Leute.

10. In Wiesbaden gibt es . . .
- **a.** einen Fußballklub.
- **b.** Hochhäuser.
- **c.** eine Spielbank.
- **d.** Prügel.

Der Rhein fließt an Köln vorbei

Der Kölner Dom

B   In welcher deutschen Stadt sind Sie?

1. Sie sind in einer Stadt, wo es viele große Schiffe gibt. Am Abend spazieren Sie eine Straße entlang und sehen die Lichter von vielen Nachtklubs. Wie heißt diese deutsche Stadt?

2. Ein Freund sagt Ihnen, „Am Abend soll man nicht allein ins Stadtzentrum gehen, besonders nicht in die Nähe des Bahnhofs. Es ist sehr gefährlich." Überall sehen Sie hohe Gebäude und große Kaufhäuser. Wie heißt diese deutsche Stadt?

3. In den Geschäften dieser Stadt finden Sie viele großartige (great) Spielzeuge. Es gibt dort auch eine Art braunes Gebäck (pastry), das besonders würzig (spicy) schmeckt. Wie heißt diese deutsche Stadt?

4. Die Landschaft in der Nähe dieser Stadt besteht aus dunklen Hügeln (hills) und Tannen. In vielen Geschäften gibt es Uhren aus Holz, woraus ab und zu ein Vöglein kommt. Die Stadt hat auch eine sehr alte bekannte Universität. Wie heißt diese deutsche Stadt?

5. In einer anderen Stadt gibt es ein großes altes Bauwerk (structure) aus Stein mit zwei hohen Türmen. Daneben ist der Hauptbahnhof, wo täglich etwa 830 Züge ankommen oder abfahren. Die Stadt liegt direkt an einem großen Fluß. Wie heißt diese deutsche Stadt?

C   Woran denken Sie zuerst bei den Namen dieser amerikanischen Städte?

Complete the following sentence by filling in the blanks with words from columns A and B.

Wenn ich an A denke, dann denke ich an B.

A		B	
1.	Seattle	a.	die Freiheitsstatue
2.	New York	b.	viel Verkehr
3.	New Orleans	c.	Eskimos
4.	Nome	d.	Stahl
5.	Miami	e.	Jazz
6.	Tucson	f.	Sand und Sonne
7.	Honolulu	g.	Luftverschmutzung (air pollution)
8.	San Franzisko		
9.	Omaha	h.	eine Wüste (desert)
10.	Los Angeles	i.	Straßenbahnen
11.	Milwaukee	j.	Autos
12.	Las Vegas	k.	Hulatänzerinnen
13.	Denver	l.	Kasinos
14.	Washington	m.	Verbrecher

15. Detroit	n. Wolkenkratzer *(sky scraper[s])*
16. Cheyenne	o. Mais *(corn)*
17. Chikago	p. Schauspieler *(actor[s])*
18. Pittsburg	q. Indianer
19. ?	r. Öl
	s. Geld
	t. Watergate
	u. den Michigan-See
	v. Regen
	w. die Prärie
	x. Cowboys
	y. ?

D Andere Meinungen

Stellen Sie sich vor, Sie wären Tourist in den Vereinigten Staaten. Was würde Ihnen in diesem Land gut gefallen oder gar nicht gefallen?

E Was suchen Sie in einer Stadt, die Sie besuchen wollen?

What do you look for in a city? After looking over the list below, decide how important each item is to you, and rank the items 1–4, according to your preference.

1	2	3	4
1 = *sehr wichtig*	*2 =* *wichtig*	*3 =* *nicht so* *wichtig*	*4 =* *unwichtig*

a. _____ historische Gebäude
b. _____ viele Museen
c. _____ alte Kirchen
d. _____ schöne Parks
e. _____ Tanzlokale
f. _____ viele kulturelle Möglichkeiten
g. _____ ein Fluß oder ein See
h. _____ gute Verkehrsmittel
i. _____ freundliche Leute
j. _____ nette Boutiquen
k. _____ wenig Lärm
l. _____ wenig Industrie
m. _____ gute Hotels and Restaurants
n. _____ ?

F   Für welche Stadt interessieren Sie sich?

Answer the following questions about your favorite city. If you need help finding the information, you might check an encyclopedia or with a travel bureau.

1. Wie viele Einwohner hat diese Stadt?
2. Ist es eine Hauptstadt?
3. Warum ist diese Stadt bekannt?
4. Welche größeren Städte liegen in der Nähe?
5. Liegt die Stadt an einem Fluß? an einem See? am Meer?
6. Welche Industrien gibt es in dieser Stadt?
7. Welche bekannten Personen haben in dieser Stadt gelebt?
8. Wie alt ist die Stadt?
9. Hat die Stadt eine Universität?
10. Wie sieht die Landschaft aus? (bergig, flach, hügelig, grün, usw.)

Use the above questions to determine your fellow students' favorite cities.

Von Burg° zu Burg   *castle*

Eine Fahrt auf dem Rhein ist für viele Ausländer der Höhepunkt ihrer Deutschlandreise. Zwischen Bingen und Koblenz ist der Rhein am schönsten. Das Rheintal ist hier sehr eng. Die Berge links und rechts sind bis zu 200 Meter hoch. Auf den Südseiten wächst Wein.
5 Fast auf jedem Berg steht eine Burg. Einige Burgen sind nur noch Ruinen, andere hat man restauriert, und jetzt sind sie Jugendherbergen°[1] oder Hotels. Bei Kaub steht eine Burg mitten im Fluß: *youth hostels* Pfalzgrafenstein, genannt „die Pfalz". Sie wurde 1326 gebaut und war eine Zollstation für die Schiffe auf dem Rhein. Kurz vor St.
10 Goarshausen kommt die berühmteste Attraktion am Rhein: die Loreley, ein 132 Meter hoher Felsen.° An dieser Stelle ist der Rhein   *cliff* sehr schmal° und gefährlich und fast 30 Meter tief. Früher gab es   *narrow* hier oft Schiffsunglücke°. Eine alte Sage erzählt von einem   *—accidents* Mädchen oben auf dem Felsen. Sie kämmt ihr langes blondes
15 Haar und singt ein Lied dabei.° Die Flußschiffer sehen nur nach   *in the process* oben und fahren dabei gegen die Felsen. Heute haben die Rheinschiffe ein Radarinstrument. (Adapted from *Scala.*)

[1]Jugendherbergen gibt es auf der Burg Stahleck bei Bacharach, in Oberwesel neben der Schönburg und auf der Festung *(fortress)* Ehrenbreitstein gegenüber Koblenz. Jugendherbergen ohne Burg gibt es auch in Lorch und Rüdesheim.

Burg Gutenfels und „die Pfalz" am Rhein

Burgen am Rhein

G Richtig oder falsch?

1. Der Rhein ist am schönsten zwischen Bingen und Koblenz.
2. Das Rheintal ist breit.
3. Auf allen Seiten wächst Wein.
4. Fast auf jedem Berg steht eine Burg.
5. Pfalzgrafenstein steht mitten im Fluß.
6. Manche Burgen sind heute Jugendherbergen.
7. Die Burg „Pfalz" liegt bei Kaub im Rhein.
8. Die Loreley ist ein hoher Felsen.

Die Loreley

1. Ich weiß nicht, was soll es be - deu - ten, daß ich so trau - rig bin;___ ein
2. Die schön - ste Jung - frau sit - zet dort o - ben wun - der - bar;___ ihr
3. Den Schif - fer im klei - nen Schif - fe er - greift ein wil - des Weh;___ er

Märch - en aus al - ten Zei - ten, das kommt mir nicht aus dem Sinn___ Die
gold - nes Gesch - mei - de blit zet, sie kämmt ihr gol - de - nes Haar___ Sie
schaut nicht die Fel - sen - rif - fe, er schaut nur hin - auf in die Höh'___ Ich

Luft___ ist kühl und es dun - kelt und ru - hig fließt___ der Rhein;___ der
kämmt es mit gol - de - nem Kam - me und singt ein Lied___ da - bei,___ das
glau - be, die Wel - len ver - schlin - gen am En - de Schif - fer und Kahn;___ und

Gip - fel des Ber - ges fun - kelt im A - bend - son - nen - schein.___
hat ei - ne wun - der - sa - me, ge - walt' ge Me - lo - dei.___
das hat mit ih - rem Sin - gen die Lo - re - ley___ ge - tan.___

Heinrich Heine 1823   F. Silcher 1838

das Märchen *(fairy) tale*	**die Jungfrau** *maiden*	**das Weh** *grief*
der Sinn *mind, sense*	**das Geschmeide** *jewels*	**die Felsenriffe** *rocky reef*
dunkeln *get dark*	**blitzen** *to sparkle*	**die Welle** *wave*
fließen *flow*	**gewaltig** *powerful*	**verschlingen** *to devour*
funkeln *to glisten*	**ergreifen** *to seize*	**der Kahn** *boat*

9. Bei Oberwesel ist der Rhein gefährlich.
10. Zwischen Bingen und Koblenz gibt es mindestens *(at least)* 14 Burgen. (Die richtigen Antworten finden Sie auf Seite 227.)

H   Deutsche Geographie

Schauen Sie auf die Landkarte (map) auf Seite 136 und lösen (solve) Sie dieses Kreuzworträtsel!

1. Stadt an der Ostsee.
2. Land *(state)* südlich von Schleswig-Holstein.
3. Stadt (und auch Land) an der Elbe.
4. Fluß: Hamburg liegt an diesem Fluß.
5. Fluß im Nordwesten der Bundesrepublik.
6. Hauptstadt der Bundesrepublik.

7. Stadt wo die Mosel in den Rhein mündet *(flows into).*
8. Stadt an der Donau, südöstlich von Stuttgart.
9. Stadt am Rhein, nördlich von Köln.
10. Land in der Mitte der Bundesrepublik.
11. Fluß: Hier liegen die größten Industriestädte Deutschlands.
12. Land in Süddeutschland.
13. Stadt am Rhein, gegenüber von Wiesbaden.
14. Fluß: Köln, Bonn und Koblenz liegen an diesem Fluß.
15. Stadt im Schwarzwald.
16. Berühmte (bekannte) alte Universitätsstadt am Neckar.
17. Stadt an der Isar.
18. Fluß: Kommt aus der Schwäbischen Alb und fließt in den Rhein.
19. Berge südlich von München.
20. Stadt: Die östliche Hälfte *(half)* dieser Stadt ist die Hauptstadt der DDR.
21. Fluß in Süddeutschland: Ulm und Regensburg liegen an diesem Fluß.

FÜNFZEHN

Jubel,° Trubel°
und viel Bier

rejoicing/hubbub

In jeder Stadt, in jedem Dorf Deutschlands feiert man mindestens einmal im Jahr ein Volksfest. Einen Anlaß° gibt es immer. Die *reason* meisten deutschen Volksfeste haben eine lange Tradition. Oft feiert

Das Oktoberfest in München

man ein historisches Ereignis,° wie zum Beispiel das 500-jährige   *event*
5 oder 1000-jährige Jubiläum° eines Ortes. Aber es gibt auch   *anniversary*
Weinmärkte, Sängerfeste, Frühlingsfeste, Volksmusikfeste und
natürlich den Karneval.

    Schon vor dem Fest verwandeln sich° ganze Städte und Dörfer.   *change*
Man dekoriert Häuser und Straßen mit Fahnen,° Blumen und Gir-   *flags*
10 landen. Bäcker, Metzger und Brauer° haben viel zu tun, damit°   *brewers/so that*
alle Gäste genug zu essen und zu trinken haben. Wenn der Festzug
endlich durch die Straßen zieht, sieht man Wagen mit Blumen
dekoriert, Musikkapellen° und historische Figuren des Ortes. Brave   *bands*
Bürger° verwandeln sich in Ritter,° und Hausfrauen in feine Damen   *upright citizens/knights*
15 aus der Rokokozeit. Alle Leute sind da, um den Festzug zu sehen
und gehen dann auf den Festplatz. Dort ist großer Trubel: Karus-
sells und Riesenräder,° Geisterbahnen° und Glücksräder.° Im Fest-   *ferris wheels/spook rides/*
zelt sitzen die Leute an langen Tischen, singen lustige Lieder mit   *wheels of fortune*
der Kapelle, schunkeln[1] und tanzen Walzer, Foxtrott, oder Cha-
20 cha-cha. Bier und Wein fließen° in Strömen, and überall riecht   *flow*
man Bratwürste und gegrillte Hähnchen.

    Solch ein Fest dauert oft mehrere Tage, manchmal eine ganze
Woche (das Oktoberfest in München dauert sogar länger als zwei
Wochen). Am letzten Abend beendet° ein großes Feuerwerk den   *ends*
25 Trubel. Man geht nach Hause und erholt sich° bis zum nächsten   *recuperates*
Fest.

Reading Hint

To indicate that something is small in size, or to express endear-
ment, many nouns take the suffix **-chen** or **-lein** and umlaut the
stem vowel where possible. For example,

der Kopf—das Köpfchen	**das Kind—das Kindlein**
der Hut—das Hütlein	**das Bett—das Bettchen**
die Stadt—das Städtlein	**das Haus—das Häuschen**

(Note that whenever you add **-chen** or **-lein**, the gender becomes neuter.)

[1] **Schunkeln**—a custom widely practiced in Germany, especially during carnival
time and other popular festivals. Seated at long tables in taverns or beer tents,
people lock arms with their neighbors and sway back and forth to the rhythm of the
music (usually a waltz) while singing along.

Beim Volksfest

Cultural Note 1

Deutsche Volksfeste

The **Oktoberfest** in Munich is the most widely known **Volksfest** in Germany. It originated in 1810 to celebrate the marriage of Crownprince Ludwig of Bavaria to Princess Therese of Saxe-Hild-burghausen. Huge tents filled with long tables and benches are set up for the occasion on the **Theresienwiese** (Theresa's Meadow). The fair lasts sixteen days and begins with a grand parade through Munich. It is attended annually by several million visitors from all over the world, accounting for an immense consumption of beer and **Bratwurst.**

Apart from the **Oktoberfest** there are hundreds of other festivals in Bavaria alone.

From June to September almost every wine-producing village has its own **Weinfest. Rheinland-Pfalz,** one of the largest wine-growing regions in Germany (69.6% of its land consists of vineyards) boasts about 123 **Weinfeste,** with the largest held in Bad Dürkheim every September. It is called the **Bad Dürkheimer Wurstmarkt** and originated in 1442. More than 500 000 visitors attend it annually. Recently 50 000 gallons of wine, 783 pigs, 60 calves, 105 heads of cattle, and 50 000 roast chickens were consumed during the seven days of this festival.

Activities

A Fragen über den Text

1. Wie oft feiert man in Deutschland ein Volksfest?
2. Was wird oft gefeiert?
3. Was geschieht in den Dörfern und Städten?
4. Wer hat viel zu tun?
5. Was sieht man im Festzug?
6. Wohin geht man nach dem Festzug?
7. Was gibt es auf dem Festplatz?
8. Was tun die Leute im Festzelt?
9. Wie lange dauert solch ein Fest?
10. Wie endet das Fest?
11. Was tun die Leute nach dem Fest?

B Feste

Match the events in column A with the descriptions in column B.

A		B	
1.	Weihnachten	a.	Der Osterhase bringt viele bunte Eier.
2.	Geburtstag	b.	In Deutschland feiert man dieses Fest am 25. und 26. Dezember.
3.	Neujahr		
4.	Hochzeitstag	c.	An diesem Tag sind Sie geboren.
5.	Ostern	d.	Das ist der 1. Januar.
6.	Sylvester	e.	An diesem Tag hat man geheiratet.
7.	Heiliger Abend		
8.	*Thanksgiving*	f.	Das ist der 24. Dezember.
9.	?	g.	Das ist der 31. Dezember.
		h.	Dieses Fest feiert man in Amerika Ende November.
		i.	?

C Amerikanische Feste

1. Nennen Sie einige amerikanische Volksfeste oder Feiertage.
2. Welche Volksfeste gibt es in Ihrer Stadt oder Gegend?
3. Warum feiert man diese Feste?
4. Welche Feste feiern Sie am liebsten? Warum?

D Daten

Fill in the blanks with the appropriate dates.

Beispiel

Meine Mutter hat am *dreiundzwanzigsten Februar* Geburtstag.

1. Ich habe am _____ Geburtstag.
2. Dieses Jahr ist Ostern am _____.
3. Meine Eltern feiern ihren Hochzeitstag am _____.
4. Amerikas Freiheitstag feiert man am _____.
5. Mein(e) Freund(in) hat am _____ Geburtstag.
6. Am _____ feiern wir Weihnachten.
7. Wir gehen am _____ auf eine Neujahrsparty.
8. Man sagt, Columbus hat am _____ im Jahr _____ Amerika entdeckt.
9. Am _____ werde ich _____ Jahre alt.
10. Am _____ beginnen die Sommerferien.
11. ?

E Was wünscht man den Leuten?

Select congratulations or wishes to fit the situations below.

A

1. Herzliche Glückwünsche zum Geburtstag!
2. Alles Gute zum Hochzeitstag!
3. Gute Besserung!
4. Fröhliche Weihnachten!
5. Frohe Ostern!
6. Viel Glück im neuen Jahr!
7. Pros(i)t Neujahr!
8. Gute Reise!

B

a. Mein(e) Freund(in) hat heute Geburtstag; ich wünsche ihm (ihr) _____.

b. Morgen feiern meine Großeltern ihren fünfzigsten Hochzeitstag; ich wünsche ihnen _____.

c. Im Dezember schicke ich viele Karten und wünsche meinen Freunden _____.

d. Mein(e) Lehrer(in) geht im Sommer nach Deutschland; ich wünsche ihm (ihr) _____.

e. Am Ende des Jahres wünsche ich meinen Freunden _____.

f. Wenn jemand krank ist, wünsche ich ihm _____.

g. Im März oder April, wenn es bunte Eier gibt, wünsche ich meinen Freunden _____.

h. Um zwölf Uhr am Sylvesterabend rufe ich laut _____.

F   Was tun Sie?

Select one or more of the reactions (or make up your own) to correspond to the situations below.

1. Meine Mutter hat Geburtstag.
   a. Ich gehe mit meinen Freunden aus.
   b. Ich kaufe ihr einen Strauß Blumen oder ein Geschenk.
   c. Ich tue etwas Besonderes, um sie glücklich zu machen.
   d. ?

2. Mein(e) Freund(in) hat am Freitag eine Party.
   a. Ich bleibe zu Hause.
   b. Ich bringe einen Kasten Bier.
   c. Ich bringe meine Eltern mit.
   d. ?

3. Ich gehe mit meinem (meiner) Freund(in) zu einem Tanz.
   a. Ich freue mich jetzt schon, weil ich so gern tanze.
   b. Ich muß zu Hause tanzen üben.
   c. Das wird sicher langweilig sein, denn Tanzen interessiert mich gar nicht.
   d. ?

4. Mein(e) Freund(in) hat bald Geburtstag, und ich lade ihn (sie) zum Essen ein.
   a. Wir gehen zu *McDonalds.*
   b. Wir essen zu Hause, und ich koche das Essen.
   c. Wir gehen in ein feines Restaurant.
   d. ?

5. Wir planen eine Neujahrsparty.
   a. Wir kaufen viel Bier und Wein.
   b. Wir haben keine alkoholischen Getränke.
   c. Wir feiern die ganze Nacht.
   d. ?

6. Mein(e) Freund(in) ist krank.
   a. Ich wünsche ihm (ihr) gute Besserung.
   b. Ich besuche ihn (sie).
   c. Ich tue gar nichts.
   d. ?

7. Ich suche ein Weihnachtsgeschenk für meine Mutter (meinen Vater).
   a. Ich finde nichts und mache selbst etwas.
   b. Ich kaufe etwas in der letzten Minute.
   c. Ich habe nicht genug Zeit und gebe ihr (ihm) das Geld.
   d. ?

8. Der 4. Juli ist ein amerikanischer Feiertag.
   a. Wir machen immer ein großes Picknick.
   b. Ich sehe gern die Feuerwerke.
   c. Unsere Stadt hat eine festliche Parade.
   d. ?

9. *Halloween* ist ein amerikanisches Fest, das man Ende Oktober feiert.
   a. Ich kostümiere mich gern.
   b. Das ist nur für kleine Kinder.
   c. Ich finde die ganze Sache langweilig.
   d. ?
10. Wir feiern *Thanksgiving* Ende November.
    a. Wir gehen zum Essen aus.
    b. Wir braten einen großen Truthahn *(turkey)*.
    c. Unsere ganze Familie kommt zu diesem Festessen zusammen.
    d. ?

Faschingsparade

Cultural Note 2

Fasching

Ein ganz besonderes Volksfest in Deutschland ist der Karneval, auch Fasching oder Fastnacht genannt. Man feiert dieses Fest schon seit 500 Jahren. Ähnlich° wie der Karneval in Rio de Ja- *similar* neiro oder der **Mardi Gras** in New Orleans, ist der Fasching in

Deutschland eine Zeit für Jubel, Trubel und viel Bier. Offiziell beginnt der Karneval am 11. 11. um 11 Uhr 11, wenn in vielen Städten die Karnevalkomitees das Planen für die Narrenzeit° beginnen. Nach dem Dreikönigsfest° beginnen dann langsam die Maskenbälle. Man tanzt, trinkt, flirtet, singt und unterhält sich. Um Mitternacht muß jeder die Maske abnehmen,° und oft gibt es dann angenehme oder unangenehme Überraschungen.°

Der Höhepunkt° des Karnevals kommt an den drei Tagen vor Aschermittwoch. Besonders im Rheinland (z.B. in Mainz, Köln und Düsseldorf) und in Süddeutschland feiert, singt, schunkelt und tanzt man tage- und nächtelang. Am Rosenmontag (dem Montag vor Aschermittwoch) gibt es in manchen Städten große **Karnevalszüge.** Die Festwagen haben verschiedene Themen. Nichts ist heilig—alles und jeder wird verspottet:° Politiker, Stadtbewohner, historische Figuren, die Presse, die Technik und neue Produkte. Manche Figuren haben furchtbare Masken, die den Zuschauern Angst machen. Andere sind so spaßig, daß die Leute laut lachen müssen.

fools' time
Epiphany (Jan. 6)

take off

surprises
climax

ridiculed

Lieder zum Schunkeln:
1. In München steht ein Hofbräuhaus. (see Chapter 5)

2.

Wer soll das bezahlen?

Lively Waltz

Wer soll das be - zah - len? Wer hat so - viel Geld?____

Wer hat so - viel Pin - ke - Pin - ke? Wer hat so - viel Geld?___

Pinke-Pinke = *dough* (*money*)

3.

Heute blau . . .

Heu - te blau,___ und mor - gen blau,___ und ü - ber mor - gen wie - der,___

und wenn wir ein - mal nüch - tern sind,___ be - sau - fen wir uns wie - der.

blau = *drunk* (*colloquial*)
nüchtern = *sober*
besaufen = *get drunk* (*colloquial*)

G Faschingsfragen

1. Seit wann feiert man Karneval in Deutschland?
2. Wie wird der Karneval noch genannt?
3. Wann beginnt der Karneval offiziell?
4. Wann fangen die Festlichkeiten an?
5. Was tut man auf einem Maskenball?
6. Was geschieht auf einem Maskenball um Mitternacht?
7. Wann ist der Höhepunkt des Karnevals?
8. Wann sind die großen Festzüge?
9. Was wird verspottet?
10. Wie sind die Masken?

H Planen Sie eine Faschingsparty!

*Get together with some friends and plan a masquerade party; discuss and re-
solve the following questions, and any others you might think of.*

1. Wen laden Sie ein?
2. Was essen Sie?
3. Was trinken Sie?
4. Wer macht Musik?
5. Wer dekoriert das Zimmer?
6. Wie dekorieren Sie das Zimmer?
7. Was steht auf der Einladung?
8. Wer soll für die Party bezahlen?
9. ?

I Was möchten Sie gern sein?

You are invited to a masquerade party. In the spirit of the German **Karneval,**
*keep in mind that this is the time to really let your hair down, and no one will
know you (until midnight, anyhow). Choose a costume and explain your
choice.*

Ich gehe gern als . . .

Rokokodame.
leichtes Mädchen.
Napoleon.
Pirat.
Sexbombe.

Heinrich VIII.
Zigeuner(in) *(gypsy)*.
Herzkönig(in).
Don Juan.
Dracula.
vorhistorische(r) Frau (Mann).
Playboyhäschen.
Prinz(essin).
Indianer(in).
Cowboy(girl).
Haremsdame.
Sultan.
Neptun.
?

J Wie reagieren Sie?

Make appropriate statements according to your reactions. Explain, if you wish, why you feel this way.

Beispiel
Ich lache über *Clowns, weil sie spaßig* (funny) *sind.*

Ich lache über . . .
Ich habe Angst vor . . .

Schlangen
Dämonen
Clowns
Polizisten
Prüfungen
Menschenfresser(n)
Krankheiten
Träume(n)
Gewitter(n) *(thunderstorms)*
Haie(n) *(sharks)*
Lehrer(n)
Frauen (Mädchen)
Bären
Männer(n) (Jungen)
Hexen *(witches)*
Geister(n) *(ghosts)*
?

KAPITEL
SECHZEHN
Ein Brief aus Deutschland

München, den 22. Juni

Liebe Elke,

Jetzt sind wir schon zwei Wochen durch Deutschland gereist, aber ich glaube, vorigen Freitag haben wir den Höhepunkt unserer
5 Reise erreicht: München. Es gibt hier in der bayrischen Hauptstadt eine Menge bekannter Sehenswürdigkeiten° und wirklich viel zu tun. Aber die eigentliche Attraktion der Münchner Atmosphäre ist die besondere Mischung° von Weltstadt und Provinz, von Tradition und Fortschritt,° die man hier findet. Erst jetzt verstehe ich,
10 warum der offizielle Kosename° der Isarmetropole° „Weltstadt mit Herz" ist. Natürlich kann man diese Mischung auch anderswo in Deutschland finden, aber nirgendwo mit solchen scharfen Akzenten wie in München. Da sind die modernen Diskotheken in Schwabing und das gemütliche Hofbräuhaus.° Man sieht alte
15 Häuser neben supermodernen Gebäuden,° wie z. B. das BMW°-Hochhaus und die Gebäude im Olympischen Dorf. Und da sieht man Fahrräder und supermoderne S-Bahnen.°

Diese Beobachtung° wirst Du vielleicht besser verstehen, wenn ich Dir erkläre, wie ich mir die Stadt angesehen habe, und was es
20 hier alles gibt.

Unsere Gruppe übernachtet° hier in einer Jugendherberge° im nordwestlichen Teil der Stadt. Das ist zwar weit vom Zentrum, aber die öffentlichen° Verkehrsverbindungen sind ausgezeichnet.° Das habe ich entdeckt,° als ich am ersten Tag allein zum Marienplatz
25 wollte, wo das Münchner Rathaus mit seinem bekannten Glockenspiel ist. Ich mußte zuerst mit der Straßenbahn zum Karlsplatz. Die Münchner nennen ihn „Stachus". Dieser Platz liegt fast genau im Zentrum der Isarstadt, und hier treffen sich die meisten Straßenbahnen der Stadt, sowie die S-Bahnen und die U-Bahn,° die
30 man 1972 zu den olympischen Spielen gebaut hat. Ich war sehr

sights

mixture

progress

nickname/Isar, river that
flows through Munich

famous old beer hall

buildings/Bayrische
Motoren Werke

commuter trains

observation

is staying overnight/youth
hostel

public/excellent

discovered

subway

148

Das Rathaus und die Frauenkirche

Die Fußgängerzone beim Stachus in München

Der olympische
Fernsehturm—ein neues
Symbol für München

erstaunt,° wie modern dieses Verkehrssystem ist. Und, Elke, denk   *astonished*
mal an die Vorteile eines solchen großen Verkehrsnetzes° für die   *transportation network*
Stadtbewohner! Sie müssen nicht mit dem Auto fahren. Sie haben
weniger Benzinkosten. Sie müssen sich nicht jeden Tag selbst über
35 den Verkehr einer Millionenstadt ärgern,° und sie verschmutzen°   *get upset/make dirty*
die eigene Umwelt° nicht.   *(pollute)/environment*

   Ach, ich vergesse, daß ich Dich mitten auf dem Weg zum Marienplatz gelassen habe! Wie gesagt, ich bin am Stachus ausge-
stiegen;° der Weg vom Stachus zum Rathaus ist Fußgängerzone.°   *disembarked/pedestrian mall*
40 Stell Dir vor! Mitten in einer Großstadt gibt es mehrere Hauptge-
schäftsstraßen, wo keine privaten Autos fahren dürfen. Auch bin
ich an der bekannten Frauenkirche vorbeigegangen. Die zwei Zwie-
beltürme° dieser Kirche sind das traditionelle Symbol der Stadt.   *onion-shaped towers*
Der moderne olympische Fernsehturm ist ein neueres Symbol von
45 München geworden. Und damit siehst Du wieder die Kombination
von alt und neu, Tradition und Fortschritt, die ich gemeint° habe.   *meant*
   Aber ehe der Brief zum Roman° wird, schließe ich. Nächsten   *novel*
Monat sehe ich Dich wieder in den Staaten. Bitte grüße° die an-   *greet (give regards to)*
deren Studenten im „Deutschen Haus"!
50   Herzliche Grüße

Dein Bill

Reading Hint

Germans observe certain rules when writing letters. One such
rule is the capitalization of all forms of you and your (**Du, Ihr,
Sie**), as well as their related forms (**Dich, Dir, Dein, Euch,
Euer, Ihr,** and **Ihnen**). One reason for the capitalization is to
indicate respect for the person to whom one writes. Similar formal characteristics of letters are the heading, date, greeting,
and closing. The kind of greeting and closing depends on the
relationship between the writer and the person for whom the
letter is intended. Friends will open letters with **Liebe Elke** or **Lieber Bill**, whereas a business letter begins with **Sehr geehrter Herr
Müller**. (Incidentally, **Herr Müller** would be addressed with **Sie,
Ihnen,** and **Ihr** throughout the remainder of the letter; only
good friends address each other with **Du** or **Ihr**).

Straßenmusikant vor dem Rathaus in München

Activities

A   Fragen über den Text

1. Seit wann sind Bill und seine Freunde in Deutschland?
2. Wie gefällt Bill München? Warum?
3. Welche Sehenswürdigkeiten gibt es in München? Machen Sie eine Liste!
4. Warum, glauben Sie, hat München einen zweiten Namen?
5. Wo wohnt Bill in München?

6. Warum will Bill zum Marienplatz?
7. Wie kommt er dorthin?
8. Welche Verkehrsmittel gibt es in München?
9. Was sind einige Vorteile öffentlicher Verkehrsmittel? Können Sie einige nennen, die Sie nicht im Text finden?
10. Warum kann man nicht direkt mit dem Auto vom Stachus zum Marienplatz fahren?
11. Nennen Sie zwei Symbole für München! Warum gibt es zwei?
12. Welche Zeichen der modernen Zeit findet man in München? welche traditionellen Zeichen?

B Symbole

*You have just read that the **Frauenkirche** and the Olympic television tower are symbols of Munich. Many other objects have symbolic meanings. In your opinion, what is the symbolic meaning of each object below?*

1. Die Freiheitsstatue in New York ist ein Symbol _____.
2. Rom und Athen sind Symbole _____.
3. Das Kreuz und der Davidstern sind Symbole _____.
4. Eine Fahne ist ein Symbol _____.
5. Kölnisch Wasser ist ein Symbol _____.
6. Eine Taube ist ein Symbol _____.
7. Ein modernes Flugzeug ist ein Symbol _____.
8. Eine Decke ist ein Symbol _____.
9. Für viele Menschen ist eine Ölraffinerie ein Symbol _____.
10. Der Eiffelturm ist ein Symbol _____.
11. ?

a. der Schönheit
b. des Friedens *(peace)*
c. der Umweltverschmutzung *(pollution)*
d. der Freiheit
e. der Sicherheit
f. für Paris
g. der Religion
h. der Demokratie
i. der Antike
j. des Patriotismus
k. des Fortschritts
l. der Eleganz
m. ?

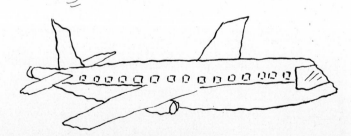

C Was soll man für den Umweltschutz tun?

Ecology has become a worldwide concern. Do you feel that some of the following actions should be taken? Explain your answers.

Soll man . . .

1. ein großes Auto gegen ein kleines Auto eintauschen *(exchange)?*
2. besondere Bahnen für Fahrräder bauen?
3. keine Autobahnen mehr bauen?
4. zu Fuß zur Schule oder zur Arbeit gehen, oder mit dem Rad fahren?
5. keine elektrische Waschmaschine gebrauchen?
6. sich nur mit kaltem Wasser waschen?
7. Wälder und Naturgebiete gegen die Zivilisation schützen *(protect)?*
8. das Haus weniger heizen *(heat)?*
9. nicht mehr rauchen?
10. Fußgängerzonen bauen?
11. die Kinderzahl einer Familie begrenzen *(limit)?*
12. keine Dinge aus Kunststoff *(synthetics)* oder Papier gebrauchen?

Das BMW-Hochhaus.
Die Münchner nennen es
den „Vier-Zylinder."
Wissen Sie, warum?

D   Wie komme ich dorthin?

Being able to give directions is important in any language. Below you will find a conversation with directions based upon the city map on page 155. Study the directions carefully and familiarize yourself with the following useful terms:

geradeaus *(straight ahead).*

links *(on the left, to the left).*

rechts *(on the right, to the right).*
an etwas vorbeigehen *(to go past something).*

gegenüber *(opposite, across from).*

die Straße entlang *(along the street).*

Wir gehen weder links noch rechts, sondern immer *geradeaus*
Links finden Sie die Kirche.
  Gehen Sie *links* um die Ecke!
Rechts vom Dom ist das Museum.
Er *geht am* Kino *vorbei.*

Gegenüber der Post finden
  Sie das Hotel.
Die alte Dame geht langsam
  die Straße entlang.

Konversation

(Kurt und Elke sind mit dem Zug in München angekommen. Im Bahnhof fragen sie einen alten Herrn nach dem Weg zum Hotel zur Krone in der Nähe vom Marienplatz.)

KURT: „Entschuldigen Sie, bitte! Wir sind hier fremd. Können Sie uns sagen, wie wir zum Marienplatz kommen? Wir suchen dort in der Nähe das Hotel zur Krone."

DER HERR: „Ja, gewiß, junger Mann! Ich kenne das Hotel. Es ist nicht weit. Fahren Sie, oder gehen Sie zu Fuß?"

KURT: „Wir laufen."

DER HERR: „Gut. Zeigen Sie mir Ihren Stadtplan! Gehen Sie aus dem Bahnhof hinaus und gleich über den Bahnhofsplatz! Dann sind Sie in der Schützenstraße. Gehen Sie immer geradeaus über den Karlsplatz, dann die Neuhauserstraße entlang bis zur Weinstraße! Links ist das Kino am Markt. Rechts können Sie ein Lebensmittelgeschäft sehen. Gehen Sie links um die Ecke an dem Kino vorbei! Das Hotel ist gegenüber dem Rathaus."

ELKE: „Vielen Dank!"

E   Information

Based upon the preceding conversation, give directions (either orally or in writing) for the following destinations. Use the map on page 155.

1.   Ein Herr ist am Bahnhof und will zum Café zum Museum. Wie kommt er dorthin?
2.   Sie sind in der Metzgerei und wollen zum Botanischen Garten. Beschreiben Sie Ihren Weg!

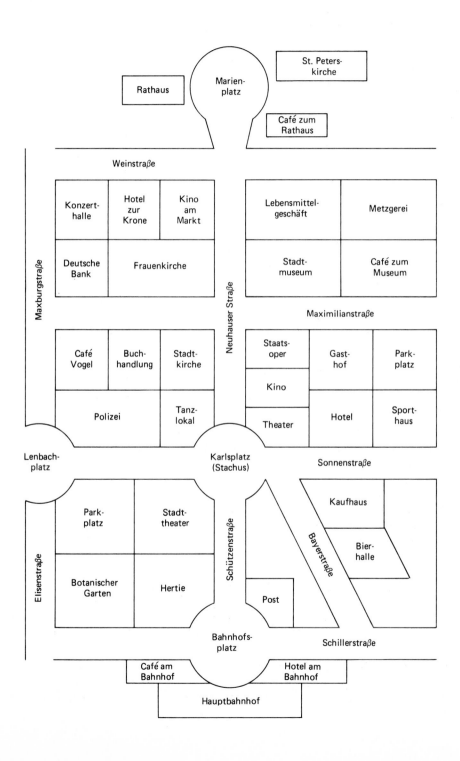

3. Ihr Freund ist auf dem Lenbachplatz und will zur Peterskirche. Wie muß er gehen?

4. Eine Dame steht vor dem Hotel zur Krone und will zur Staatsoper. Wie muß sie gehen?

F   In München

Imagine that you have just arrived by train in Munich. Where would you most want to go or where would you need to go first in the city? Have a fellow student then give you oral directions from the railroad station to your desired destination.

G   Diskussionsfragen

1. Welche Sehenswürdigkeiten gibt es in der Gegend, wo Sie wohnen? Was kann ein Tourist dort machen?

2. Welche öffentlichen Verkehrsmittel gibt es in Ihrer Stadt? Fahren Sie gern mit dem Bus, oder fahren Sie lieber selbst? Warum? Was sind die Vorteile eines Privatautos? öffentlicher Verkehrsmittel? Wie steht es z. B. mit dem Parken?

3. Hat Ihre Stadt eine Fußgängerzone? Seit wann? Was halten Sie davon? Glauben Sie, daß mehr Menschen in die Stadt fahren, wenn das Zentrum für den Verkehr gesperrt *(blocked off)* ist? Warum, oder warum nicht?

4. Wie sorgt man für die Tradition in Ihrer Stadt? Gibt es z. B. alte Gebäude, die man erhält *(preserves)*? Soll man nur an Fortschritt denken, oder soll man nur Traditionen bewahren? Warum, oder warum nicht? Welche Traditionen soll man weiterführen? Welche nicht?

Das Olympische Dorf in München

Das Hofbräuhaus in München

KAPITEL
SIEBZEHN
Andere Länder, andere Sitten° . . .

customs

In Amerika waren es Emily Post und Amy Vanderbilt, die ihren
Landsleuten „das gute Benehmen"° vorschrieben.° In Deutschland versuchte Adolf Freiherr von Knigge schon im 18. Jahrhundert den Deutschen die Höflichkeit zu lehren.[1] Im Zeitalter der
5 Technik und der Frauenliberation hat sich natürlich vieles
geändert°—auch viele Regeln° für das gute Benehmen. Aber gute
Manieren° sind heute noch genau so wichtig wie zu Knigges Zeiten.
Wer weiß, vielleicht werden Sie bald in einem deutschsprachigen
Land reisen oder studieren, oder vielleicht arbeiten Sie einmal für
10 eine amerikanische Firma im deutschsprachigen Teil Europas.
Dann müssen Sie folgendes wissen:

good behavior/prescribed

changed / rules

manners

Am Telefon

Geschäftsanrufe° macht man nur während der Geschäftszeit. Pri-
vatanrufe ohne wichtigen Grund sollten nur zwischen 10.00 und
12.00 und zwischen 16.00 und 18.00 Uhr gemacht werden. Rufen
15 Sie nicht während des Abendessens, während der Fernsehnach-
richten° oder während eines wichtigen Fußballspiels an.
  Melden Sie sich° kurz und bestimmt, wie z.B.: „Hier Meier,
guten Morgen!" Bitte kein „Hallo?" oder „Ja?" Der Hausherr
meldet sich mit „Meier", seine Frau mit „Frau Meier", seine
20 Tochter mit „Gisela Meier", sein Sohn mit „Wolfgang Meier"
oder „Meier junior", das Hausmädchen (oder ein Gast im Haus)
mit „Hier bei Meier!"

business calls

TV news
identify yourself

---

[1]Adolf Freiherr von Knigge (1752–1796) wrote *Über den Umgang mit Menschen*
(Interacting with People) which became a classic guidebook on the rules of etiquette.

Möchte der Anrufer, daß jemand ans Telefon gerufen wird,
sollte er höflich° fragen, wie z.B.: „Guten Tag, Frau Meier! Hier   *politely*
25 Herbert Knauer. Darf ich bitte mit Ihrer Tochter sprechen?"
Es ist unhöflich, ein langes Telefongespräch° zu führen, wenn   *-conversation*
Sie Besuch haben. Überhaupt,° fassen Sie sich kurz! Jede Minute   *anyway*
kostet Geld. *(See* Cultural Note.[1])

Der Handkuß

Der Handkuß als Begrüßungsform° war vor kurzem noch „altmo-   *form of greeting*
30 disch". Heute ist er wieder modern. Ein Herr küßt die Hand einer
Dame aber nur bei gesellschaftlichen Anlässen°—also nicht auf der   *social events*
Straße oder am Arbeitsplatz. Der galante Herr verbeugt° sich und   *bows*
führt die Hand der Dame an den Mund. Die Hand wird von den
Lippen des Mannes kaum berührt.° Es ist nicht höflich, bei einer   *touched*
35 Party nur *einer* Dame die Hand zu küssen. Wenn man *eine* Dame
mit Handkuß begrüßt, sollte man *alle* Damen so begrüßen.
Übrigens, trotz der Frauenemanzipation ist der Handkuß nur für
weibliche° Hände. Leider!   *female*

Wer tanzen kann, hat mehr vom Leben!

Der Tanzkurs gehört in Deutschland, Österreich und der Schweiz
40 zur Vorbereitung auf das Gesellschaftsleben.° Im Allgemeinen   *social life*
gehen die Mädchen ab 15 Jahren und die Jungen ab 16 Jahren in
die Tanzschule. Dort lernen sie nicht nur Beat, Twist, Boogie und
die neuesten Diskotänze, sondern auch die älteren Gesellschaftstänze wie Walzer, Tango, Foxtrott oder Rumba.
45 Wenn ein Herr mit einer unbekannten Dame tanzen will, fragt
er: „Darf ich um diesen Tanz bitten?" Wenn die Dame, mit der
er tanzen will, in Begleitung° eines Herrn ist (vielleicht der Ehe-   *company*
mann, der Freund oder der Vater), fragt er den Herrn „Gestatten
Sie?" bevor er die Dame zum Tanz führt.
50 Bei privaten Partys sollten die Männer ihre „Pflichttänze"° nicht   *duty dances*
vergessen. Zuerst tanzt der Herr mit seiner „Tischdame" (die
Dame, die rechts neben ihm sitzt). Der nächste Tanz gehört der
Hausfrau oder Gastgeberin.° Wenn die Party klein ist, sollte der   *hostess*
Mann versuchen, mit jeder Frau (ob ledig,° verliebt,° verlobt,°   *single/in love/engaged*
55 verheiratet,° jung oder alt) wenigstens einmal zu tanzen.   *married*
Unter Bekannten° und Freunden kann auch die Dame zum   *acquaintances*
Tanz auffordern.°   *to ask for a dance*
Wenn ein Herr eine Dame zum Tanz auffordert, die Dame aber
„nein" sagt, sollte sie diesen Tanz auch mit keinem anderen
60 Mann tanzen. Das Gleiche gilt natürlich auch für einen Mann,
wenn eine Dame ihn zum Tanz auffordert.

Laßt Blumen sprechen!

In Europa geben die Deutschen das meiste Geld für Blumen aus. Blumen sind in jeder Situation richtig: bei einer Einladung° (bei Einladungen außerhalb der Familie sollte man immer ein kleines Geschenk° für die Gastgeberin° bringen), beim Krankenbesuch, zur Begrüßung auf dem Flugplatz° oder zum Abschied° auf dem Bahnhof, zur Taufe,° zum Geburtstag, zum Muttertag, zum Vatertag, zur Konfirmation oder Kommunion, zur Verlobungsfeier,° Hochzeit°—ja, auch zur Beerdigung.° Sogar *eine* Blume ist oft genug als „Mitbringsel".°

Meistens schenkt man Blumen in ungeraden Zahlen, weil sich 3, 5, 7 oder 9 Blumen in einer Vase schöner arrangieren lassen als 2, 4, 6 oder 8. Traditionell sind rote Blumen (besonders rote Rosen) ein Symbol der Liebe. Also denken Sie über die Konsequenzen nach, bevor Sie Ihrer Professorin (oder Ihrem Lehrer) ein Dutzend rote Rosen zum Geburtstag schenken:° Weiße Blumen waren traditionell ein Symbol des Todes. Heute achtet man nicht mehr so genau auf den symbolischen Farbenwert.° Aber vielleicht sollten Sie trotzdem Ihrer 96-jährigen kranken deutschen Schwiegermutter° keine Osterlilien ins Krankenhaus bringen. . . .

Wenn Sie eine deutsche Familie besuchen, geben Sie der Hausfrau den Blumenstrauß° *ohne* Papier, d.h. Sie packen die Blumen aus, bevor Sie an der Haustür klingeln! Andere Geschenke (z.B. eine Flasche Wein, Schokolade usw.) bleiben eingepackt.°

Margin glosses:
invitation
gift/hostess
airport/farewell
baptism
engagement-
wedding/funeral
small gift (bring-along)

give (a gift)

value of the colors

mother-in-law

bouquet

wrapped

Tisch decken

table setting

1. Das kleine Gedeck: Gabel links, Messer und Suppenlöffel rechts vom Teller, Dessertlöffel oben quer und das Glas (jedes Glas) oben rechts.

1. Das kleine Gedeck

2. Das Festtagsge-
deck: Natürlich gibt es
viele Variationen. Das
Beispiel zeigt, daß es
95 eine Vorspeise,° ei- *appetizer*
nen Hauptgang° und *main course*
einen Nachtisch° gibt. *dessert*
Zum Hauptgang wird
es Wein und zum
100 Nachtisch wird es
Sekt° geben. *champagne*

2. Das Festtagsgedeck

Zeichensprache° *sign language*

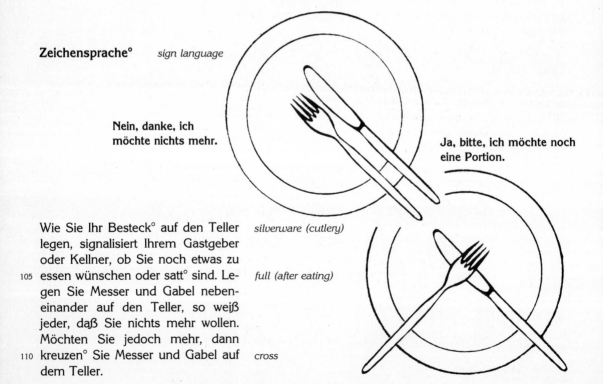

**Nein, danke, ich
möchte nichts mehr.**

**Ja, bitte, ich möchte noch
eine Portion.**

Wie Sie Ihr Besteck° auf den Teller *silverware (cutlery)*
legen, signalisiert Ihrem Gastgeber
oder Kellner, ob Sie noch etwas zu
105 essen wünschen oder satt° sind. Le- *full (after eating)*
gen Sie Messer und Gabel neben-
einander auf den Teller, so weiß
jeder, daß Sie nichts mehr wollen.
Möchten Sie jedoch mehr, dann
110 kreuzen° Sie Messer und Gabel auf *cross*
dem Teller.

Cultural Note 1

Telephone service in the Federal Republic of Germany is available through the **Bundespost** (federal postal service). It is more expensive than in the United States (installation costs approximately DM 200.00), and a waiting period of from one to six months is not unusual before new telephone customers get their equipment. A monthly fee of approximately DM 30.00 includes 20 free local calls. After these free calls, every eight-minute local conversation costs 23 Pfennig. Long-distance calls cost extra, of course.

Public phones are fully automated. When making a long-distance call from a public phone, make sure that you have sufficient change before you start. No polite operator will come on the line to request additional coins. Rather, a light will come on, and if you do not immediately add more money, your connection will be interrupted.

A   Fragen über den Text

1. Wie hieß Deutschlands Emily Post?
2. Sie wollen die Mutter Ihrer Freundin zum Kaffee einladen. Wann rufen Sie sie an?
3. Sie sind auf Besuch bei Familie Wolf. Das Telefon klingelt. Niemand außer Ihnen ist zu Hause. Wie antworten Sie am Telefon?
4. Sie rufen bei Kellers an, um mit Ihrem Schulfreund Peter zu sprechen. Frau Keller antwortet am Telefon. Was sagen Sie?
5. Welche Tänze lernt man in der Tanzschule?
6. Was bedeutet „Pflichttanz"? Bitte erklären Sie!
7. Zu welchen Anlässen *(occasions)* kann man Blumen schenken?
8. Warum sollte man in Deutschland einer kranken Person keine Osterlilien schenken?

B Richtig oder falsch?

If false, please correct the sentence.

1. Mit unbekannten Personen sollte man nicht tanzen.
2. Wenn man mit einer Gruppe von Leuten tanzen geht, tanzt man nur mit seinem Freund oder seiner Freundin (oder wenn man verheiratet ist, nur mit dem Ehepartner).
3. Die Franzosen geben mehr Geld für Blumen aus als die Deutschen.
4. Wenn man in einem deutschsprachigen Land eingeladen ist, sollte man immer ein kleines Geschenk mitbringen.
5. Der Handkuß ist ein Zeichen der Liebe.
6. Der Handkuß ist unhygienisch.
7. Man küßt nur die Hand von unverheirateten *(unmarried)* Damen.
8. Im Zeitalter der Frauenliberation können auch Damen Herren mit einem Handkuß begrüßen.
9. Unter Bekannten und Freunden kann auch eine Dame einen Herrn zum Tanz auffordern.
10. Man kann Männern und Frauen Blumen schenken.

C Wie sollte man sich in dieser Situation benehmen *(behave)*?

Die besten Antworten finden Sie auf Seite 227.

1. Petra Schubert arbeitet als Sekretärin bei einer Bank. Nach der Arbeit will sie ins Café, um ein Eis zu essen. Im Lift trifft sie ihren Kollegen, Horst Scherg, und lädt ihn ein *(invites)*, ins Café mitzukommen. Petra ißt eine Portion Eis mit Schlagsahne *(whipped cream)*. Horst bestellt ein Stück Erdbeerkuchen und eine Tasse Kaffee. Wer bezahlt die Rechnung?
   a. Horst bezahlt, denn der Mann bezahlt immer.
   b. Petra bezahlt, denn sie hat Horst eingeladen.
   c. Horst bezahlt, der Form wegen, aber Petra gibt ihm nachher das Geld für ihren Teil der Rechnung.
   d. Petra bezahlt ihr Eis und Horst bezahlt seinen Kuchen und Kaffee.
2. Im Gasthaus sitzt Kurt beim Mittagessen mit unbekannten Leuten an einem Tisch. Nach dem Essen möchte er gern eine Zigarette rauchen, aber seine Tischnachbarn essen noch. Was tut er?
   a. Er fragt seine Tischnachbarn, ob er rauchen darf.
   b. Er raucht, denn er kennt die Leute ja nicht.
   c. Er wartet bis seine Tischnachbarn mit dem Essen fertig sind, bevor er raucht.
   d. Er wartet bis seine Tischnachbarn mit dem Essen fertig sind und fragt dann, ob er rauchen darf.

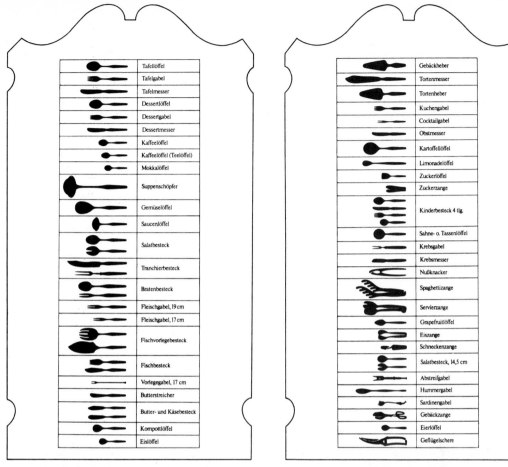

	Tafellöffel
	Tafelgabel
	Tafelmesser
	Dessertlöffel
	Dessertgabel
	Dessertmesser
	Kaffeelöffel
	Kaffeelöffel (Teelöffel)
	Mokkalöffel
	Suppenschöpfer
	Gemüselöffel
	Saucenlöffel
	Salatbesteck
	Tranchierbesteck
	Bratenbesteck
	Fleischgabel, 19 cm
	Fleischgabel, 17 cm
	Fischvorlegebesteck
	Fischbesteck
	Vorlegegabel, 17 cm
	Butterstreicher
	Butter- und Käsebesteck
	Kompottlöffel
	Eislöffel

	Gebäckheber
	Tortenmesser
	Tortenheber
	Kuchengabel
	Cocktailgabel
	Obstmesser
	Kartoffellöffel
	Limonadelöffel
	Zuckerlöffel
	Zuckerzange
	Kinderbesteck 4 tlg.
	Sahne- o. Tassenlöffel
	Krebsgabel
	Krebsmesser
	Nußknacker
	Spaghettizange
	Servierzange
	Grapefruitlöffel
	Eiszange
	Schneckenzange
	Salatbesteck, 14,5 cm
	Abstreifgabel
	Hummergabel
	Sardinengabel
	Gebäckzange
	Eierlöffel
	Geflügelschere

Für jede Gelegenheit bei Tisch gibt es das passende Eßwerkzeug.

Wer gern Spezialitäten ißt, sollte auch die richtigen Bestecke haben.

3. Der Student Michael Roth ist bei seiner Professorin und deren Mann zum Abendessen eingeladen. Er will einen besonders guten Eindruck *(impression)* machen. Was bringt er der Gastgeberin?
   a. eine Flasche Schnaps
   b. ein Dutzend rote Rosen
   c. eine Schachtel *(box)* Pralinen
   d. einen Kuchen zum Nachtisch
4. Herr Weißkopf kauft im Supermarkt ein. Dort trifft er seine alte Deutschlehrerin. Er will sie besonders herzlich begrüßen und ihr seinen Respekt zeigen. Wie begrüßt er sie?
   a. Er schüttelt ihr die Hand.
   b. Er küßt ihr die Hand.
   c. Er umarmt *(hugs)* und küßt sie.

5. Maureen Smith besucht ihre deutschen Verwandten in Hamburg. Ihr deutscher Vetter *(cousin)* heiratet, und sie sitzen gerade beim Hochzeitsessen im Hotel zur Post. Der Hauptgang schmeckt Maureen nicht, und sie möchte keine zweite Portion davon. Wie kann sie dem Kellner zeigen—ohne ein Wort zu sagen—daß sie nichts mehr essen will?

    a. Sie stellt ihr Glas auf den Teller.

    b. Sie kreuzt Messer und Gabel auf dem Teller.

    c. Sie legt Messer und Gabel nebeneinander auf den Teller.

    d. Sie stellt den Teller unter den Tisch.

6. Sigrid geht in einen Nachtklub zum Tanzen. Sie tanzt mit vielen jungen Männern. Ein junger Mann, den sie kennt, aber nicht mag, fordert sie zu einem Boogie auf. Sigrid will nicht mit ihm tanzen und sagt, daß sie zu müde ist. Kurz danach kommt ein bildschöner, junger Apollo und bittet sie auch zum Tanz. Was macht Sigrid?

    a. Sie sagt ja, denn so einen Mann trifft man nur einmal.

    b. Sie gibt ihm auch einen Korb (d.h. sie sagt ihm auch nein).

    c. Sie sagt ihm, er soll nicht böse *(angry)* sein, aber sie hätte einem anderen Herrn „nein" gesagt und möchte bis zum nächsten Tanz warten.

Bitte wählen Sie!

(Die richtigen Antworten finden Sie auf Seite 227.)

Beispiel

Suppe ißt man mit dem *Suppenlöffel.*

1.	Kartoffeln	ißt man mit	a. der Flasche
2.	Belegte Brote	trinkt man aus	b. dem Sektglas
3.	Rheinwein		c. Messer und Gabel
4.	Brötchen		d. Löffel und Gabel
5.	Spaghetti		e. der Gabel
6.	Steak		f. dem Weinglas
7.	Pfannkuchen		g. der Hand
8.	Tomatensalat		h. dem Kaffeelöffel
9.	Käsetorte		i. dem Suppenlöffel
10.	Gemüse		j. dem Bierglas
11.	Pudding		k. der Kuchengabel
12.	Eine Banane		l. dem Messer
13.	Ein Omelett		m. dem Fischbesteck
14.	Champagner		n. der Tasse
15.	Eis		o. dem Buttermesser
16.	Kaffee		p. dem Schnapsglas

 Decken Sie den Tisch bitte!

Welche Utensilien braucht man zum Essen? Machen sie line Liste!
(Die richtigen Antworten finden Sie auf Seite 227.)

Beispiel

Es gibt belegte Brote und Bier. *Man braucht einen Teller, ein Messer, eine Gabel und ein Bierglas.*

1. Es gibt Kuchen und Kaffee.
2. Es gibt Suppe, Salat, Wiener Schnitzel, Kartoffeln, Weißwein und Mokka-creme.
3. Es gibt Käsebrötchen und Coca-Cola.
4. Es gibt Sardinen in Tomatensoße als Vorspeise, Nudeln und Schweinebraten, Karotten, Brötchen, Obst, Gebäck, Weißwein und Sekt.

Cultural Note 2

The Dilemma of *Du* versus *Sie*

Many an English-speaking traveler in German-speaking countries encounters difficulties with the usage of *du* and *Sie*. It used to be simple: children under 15 years of age, relatives, close friends, and animals were addressed with *du;* everyone else with *Sie.* (One offensive exception was—and still is—the derogatory use of *du* with prisoners, the mentally ill, or anyone deemed much below one's own social standing.) *Du* used to be an expression of intimacy and familiarity, *Sie* of formality and respect. But since the 1960s the choice is no longer as simple. The *du,* particularly among young people, has become more an expression of solidarity than of intimacy and close friendship. In factories, universities, discotheques and sporting clubs the *du* is becoming more the rule than the exception. But in places of business and in most formal adult interaction the *Sie* is definitely still prevalent.

Getting from the *Sie* to the *du* is for many people—particularly the over-30 set—still a lengthy and sensitive process. Often people who have been working side by side for decades still use the formal *Sie.* Sometimes this formality is tempered by the use of first names (*Marie, wie geht es Ihnen heute?*), but the *Sie* prevails.

Consciously or subconsciously, many Germans consider the *Sie* protection against unwanted familiarity and personal intrusion in an overcrowded society. The *Sie* keeps people at an emotional distance. Offering someone the *du* is a sign of trust and friendship.

Books on etiquette prescribe that the older person offers the *du* to the younger one (,,*Warum duzen wir uns nicht?*'' or ,,*Bitte sagen wir doch du zueinnander!*''); the woman offers the *du* to the man. After the first kiss, however, the *du* is automatic, as many romantic novels show.

The best rule of thumb for a foreigner in a German-speaking country is to use *Sie* until offered the *du* (,,*Sagen Sie um Gottes Willen doch nicht Sie zu mir!*'') Don't hesitate to offer your first name (,,*Bitte nennen Sie mich doch einfach David! Herr Johnson hört sich so steif an.*''), but don't be overly precipitous in offering the *du* to acquaintances. Give them time to become friends!

F Was sagen Sie?

Was man sagt, und wie man sich benimmt, kommt auf die Situation an, in der man sich befindet. Also das wo, wann *und* mit wem *der Sprachsituation bestimmt* was *und wie* Sie *etwas sagen. Der gleiche Satz* (sentence) *kann in verschiedenen Situationen höflich, absurd, oder sogar beleidigend* (offensive) *sein. Lesen Sie folgende Situationen und wählen Sie die beste Antwort. (Die besten Antworten finden Sie auf Seite 227.)*

1. Am Frankfurter Hauptbahnhof ist Hauptverkehr *(rush hour traffic)*. Ein Taxifahrer überholt *(passes)* einen Motorradfahrer und es kommt fast zu einem Unfall *(accident)*. Was ruft der Motorradfahrer wahrscheinlich?
   a. Bitte fahren Sie nicht so schnell!
   b. Du bist wohl verrückt! Willst Du mich umbringen *(kill)?*
   c. Sie dürfen hier eigentlich nicht so schnell fahren.
2. Sie besuchen einen Freund. Ihr Freund hat einen großen Bernhardinerhund *(St. Bernard)*. Sie möchten gern nach Hause gehen, aber der Hund liegt auf Ihrem Mantel. Was sagen Sie zum Hund?
   a. Stehen Sie auf!
   b. Bitte, stehen Sie auf!
   c. Steh auf!
3. Sie sind beim Einkaufen im Supermarkt und können die Sardinen nicht finden. Was fragen Sie die Verkäuferin?
   a. Wo sind die Sardinen?
   b. Bitte, sag mir, wo die Sardinen sind!
   c. Können Sie mir sagen, wo die Sardinen sind?
4. Sie lernen den zehnjährigen Sohn ihres Lehrers im Schwimmbad kennen. Was sagen Sie?
   a. Schöne Grüße an Deinen Vater!
   b. Bitte grüßen Sie Ihren Vater von mir!
   c. Sagen Sie Ihrem Vater, daß ich ihn grüße!
5. Sie wechseln Reiseschecks auf der Bank. Der Bankangestellte *(-employee)* gibt Ihnen zu wenig D-Mark. Was sagen Sie?
   a. Ich glaube, Sie haben mir nicht genug Geld gegeben. Würden Sie bitte noch einmal nachrechnen *(recompute)?*
   b. Du bist wohl verrückt! Das ist nicht genug Geld.
   c. Ich will mehr Geld. Du hast mir nicht genug gegeben.
6. Sie besuchen die Tante eines Freundes in Österreich. Was sagen Sie?
   a. Mein Freund hat mir viel von dir erzählt.
   b. Mein Freund hat mir viel von Ihnen erzählt.
   c. Ich freue mich, dich persönlich kennenzulernen.

KAPITEL
ACHTZEHN
Freizeit macht
das Leben süß!

Dieter Radich und Rolf Fischer sind Arbeiter in einer deutschen Autofabrik. Während einer Arbeitspause sprechen sie über einen Kollegen, der schon seit fünf Wochen nicht mehr arbeitet:

DIETER: „Rolf, sag' mal, wann kommt denn Anton eigentlich
5   wieder zurück? Der arbeitet schon seit über einem Monat nicht mehr. Weißt du, was mit ihm los ist?"
ROLF: „Anton? Er hatte drei Wochen Ferien. Dann hat ihm sein Arzt noch drei Wochen Kur° verschrieben.° Er leidet° doch schon lange an Rheuma.° Ich glaube, er ist in Bad
10   Wörishofen in Bayern."

convalescent leave for special therapy/prescribed/suffers
Rheumatismus

Kurort

Bei der Kur

Es war nicht immer so, daß ein Arbeiter in Deutschland so
lange von seinem Arbeitsplatz abwesend° sein konnte. Erst nach
dem zweiten Weltkrieg haben die Gewerkschaften° große Fort-
schritte für die Arbeiter gemacht. Die Gewerkschaftsorganisationen
15 kämpfen um höhere Löhne,° kürzere Arbeitszeit, längere bezahlte
Ferien und Lohn bei längerer Krankheit.

Die meisten Deutschen können sich jährlich bis zu sechs
Wochen Krankenurlaub° nehmen. Wenn zwei Ärzte es verschreiben, gibt es auch noch die Kur zur Erholung.° Die Krankenkasse°
20 zahlt für alles.

Im Durchschnitt° hat jetzt jeder Arbeiter jährlich fünf Wochen
bezahlte Ferien. Außerdem gibt es viele deutsche Fest- und Feiertage. Im Jahr feiert man ungefähr sechzehn offizielle staatliche und
religiöse Feste. Manche Feste dauern sogar zwei Tage. Man feiert
25 zum Beispiel Weihnachten° am 25. *und* 26. Dezember, Ostern°
und Pfingsten° sonntags *und* montags. Wenn man diese freien
Tage zusammenzählt, sieht man, daß der deutsche Arbeiter weniger Zeit an seinem Arbeitsplatz verbringt als der amerikanische
Arbeiter. Ein Arbeiter in der amerikanischen Autoindustrie arbeitet
30 ungefähr vierzig Tage mehr im Jahr als sein deutscher Kollege.
Glauben die Deutschen noch an den alten Spruch: „Arbeit macht
das Leben süß?"

absent
labor unions

wages

sick leave
convalescence/medical
insurance

average

Christmas/Easter
Whitsuntide, Pentecost

Cultural Note

Germans have long believed in the healing powers of nature. Physicians often prescribe fresh air, rest, massages, mud baths, herbal teas, and natural foods in addition to prescription drugs. This tradition partially explains the popularity of retreating to a spa for a **Kur** which, for the Germans, means much more than a mere convalescent leave. The many spas are known for their mineral, thermal, and radioactive springs which are said to have healing powers for various ailments, ranging from arthritis and rheumatism to heart disease. Not only the reputed effects of the springs, but also the air quality of certain spas are major attractions. Activities at the spas are not limited to medical treatment. Numerous cultural events throughout the spa enliven the weeks spent in relative isolation from the hectic pace and daily frustrations of life in the cities. The **Kur** is a recognized institution in German life. It is financed by either the **Bundes-** or the **Landesversicherung**, a type of social security fund, to which all wage earners contribute. A large number of German towns begin with the name **Bad**, such as **Bad Tölz, Bad Reichenhall,** and **Baden-Baden.** The name signifies that the town either is, or at one time was, a spa. In most instances the town actually derives its existence from the mineral springs discovered there. The map of **Kurorte und Heilbäder** (health resorts and spas) on page 171 demonstrates with sheer numbers the significance of the spas for the Germans.

Not just anyone may undergo a **Kur.** Only after conventional methods of treating an illness (i.e., prescription drugs, treatment by a physician or a hospital, etc.) prove inadequate, may a physician prescribe treatment at a spa. The recommendation for a **Kur** must be authorized by two physicians. Once at the spa, the patient is required to follow a rigidly scheduled program based on his or her individual ailment. Failure to adhere to the program would preclude any future **Kur.**

Kurorte and Heilbäder (Health resorts and spas)

● = Heilbad   ○ = Heilklimatischer Kurort

Activities

A Fragen

1. Seit wann arbeitet Anton nicht mehr in der Fabrik?
2. Wie viele Wochen Ferien hatte Anton?
3. Wann kommt Anton wahrscheinlich wieder zurück?
4. Warum macht er eine Kur?
5. Wo macht er die Kur?
6. Wie helfen die Gewerkschaften den Arbeitern in der Bundesrepublik?
7. Für wie viele Wochen Krankenurlaub zahlt die Krankenkasse?
8. Wie viele Feiertage feiern die Deutschen jedes Jahr im Durchschnitt? Ungefähr wie viele feiern die Amerikaner?
9. Wer arbeitet mehr Tage im Jahr—der Deutsche oder der Amerikaner?
10. Soll der Deutsche vielleicht mehr arbeiten oder der Amerikaner vielleicht weniger? Warum?
11. Wie viele Wochen Ferien haben Ihre Eltern jedes Jahr? Zu welcher Jahreszeit macht Ihre Familie gewöhnlich Ferien?

B Prioritäten

Jeder möchte einen Beruf wählen, der bestimmte Vorteile hat. Sehen Sie die folgende Liste an, und numerieren Sie die Liste nach (according to) *Ihren Prioritäten. Dann fragen Sie Ihre Klassenkameraden, was für sie wichtig ist.*

Wichtig ist. . .
Wichtig sind . . .

a. _____ viel Geld.
b. _____ interessante Arbeit.
c. _____ ruhige Arbeit.
d. _____ Sicherheit.
e. _____ Freiheit und Selbständigkeit *(independence)*.
f. _____ Zufriedenheit und Vergnügen *(pleasure)*.
g. _____ Selbstrespekt.
h. _____ das Gefühl, daß man etwas Wichtiges oder Wertvolles tut.
i. _____ Respekt und Bewunderung *(admiration)* von anderen.

j. _____ Arbeit, bei der man jeden Tag etwas anderes macht.

k. _____ Arbeit, bei der man jeden Tag dasselbe tut.

l. _____ Arbeit, bei der man schöpferisch (creative) sein kann.

m. _____ flexible Arbeitsstunden (d. h., man muß nicht jeden Tag während derselben Zeit arbeiten).

n. _____ körperliche Arbeit.

o. _____ geistige (intellectual) Arbeit.

p. _____ lange Ferien.

q. _____ ?

C How To Succeed in Business

Different professions and occupations require different personal qualities. By combining elements from the columns below, create sentences that indicate what you consider to be the most desirable qualities for various jobs or activities.

Um ein guter (Um eine gute)	Schüler(in) zu sein, muß man	pünktlich sein.

Um ein guter
(Um eine gute)

Schüler(in)   zu sein, muß man
Bäcker(in)
Student(in)
Arzt (¨in)
Tourist(in)
Fußballspieler(in)
Politiker(in)
Sekretär(in)
Pilot(in)
Taxifahrer(in)
Polizist(in)
Soldat
Autor(in)
Philosoph(in)
Schauspieler(in)
  (actor, actress)
Psychiater
?

pünktlich sein.
intelligent sein.
viel sprechen können.
gut aussehen.
dem Lehrer Geschenke geben.
gut schreiben können.
durch viele Länder reisen.
logisch denken können.
Brot backen können.
lügen (lie) können.
sehr aggressiv sein.
gut fliegen können.
autoritär sein.
viel lernen.
energisch sein.
überall fotografieren.
realistisch denken.
viel Geduld (patience) haben.
lange auf einer Universität studieren.
gut informiert sein.
neugierig (curious) sein.
?

D Freizeitbeschäftigungen

Listed below are some leisure time activities. Using the scale, indicate in the column on the left how often you actually do each of these activities. In the column on the right, indicate how often you would like to do them. After you are finished, compare totals and see if you are satisfied with the organization of your free time.

0	1	2	3	4
nie	selten	manchmal	oft	sehr oft

wirkliche Situation	Freizeitbeschäftigung	ideale Situation
_____	Ich fahre Auto.	_____
_____	Ich fahre Rad.	_____
_____	Ich gehe spazieren.	_____
_____	Ich unterhalte mich mit meinen Freunden.	_____
_____	Ich sehe fern.	_____
_____	Ich treibe Sport.	_____
_____	Ich gehe zu einem Sportwettkampf *(sports event)*.	_____
_____	Ich gehe ins Kino.	_____
_____	Ich gehe ins Theater.	_____
_____	Ich lese.	_____
_____	Ich gehe ins Konzert.	_____
_____	Ich höre Radio oder Schallplatten.	_____
_____	Ich gehe mit Freunden in einen Nachtklub.	_____
_____	Ich schreibe Briefe.	_____
_____	Ich gehe Schilaufen.	_____
_____	Ich gehe Zelten (camping).	_____
_____	Ich spiele Karten.	_____
_____	Ich spiele ein Musikinstrument.	_____
_____	Ich gehe zur Kur.	_____
_____	Ich turne.	_____
_____	Ich faulenze *(loaf)*.	_____
_____	?	_____

Summe _____   Summe _____

Sind Sie mit der Organisation Ihrer Freizeit zufrieden?

E   Wer ist das?

Using the clues given, select from the choices listed the probable occupation or profession of the person described.

1. Sie muß zwischen 21 and 30 sein und eine gute Figur haben. Sie soll auch gut tanzen können und abends frei sein.
    a. Sekretärin
    b. Lehrerin
    c. Go-Go Mädchen
    d. Ärztin
2. Diese Person muß rechnen und gut sehen können. Außerdem braucht sie einen besonderen Führerschein und darf keine Angst vor starkem Verkehr haben.
    a. Mathematiker(in)
    b. Busfahrer(in)
    c. Autoverkäufer(in)
    d. Fußballspieler(in)
3. Eine solche Person muß gut mit anderen Menschen reden können. Sie muß rechnen können und die Preise der Produkte kennen. Sie muß viel von Autos verstehen.
    a. Politiker(in)
    b. Arzt (¨in)
    c. Fahrer(in)
    d. Autoverkäufer(in)
4. Diese Person muß viele Reden halten. Sie soll auch versuchen, verschiedene Probleme des Staates zu lösen *(solve)*. Sie soll diplomatisch sein und die Interessen des Volkes repräsentieren.
    a. Politiker(in)
    b. Arzt (¨in)
    c. Ingenieur
    d. Lehrer(in)
5. Diese Person muß eine technische Schule besucht haben. Sie muß auch gut mit den Händen arbeiten und Motoren reparieren können.
    a. Ingenieur
    b. Lehrer(in)
    c. Mechaniker(in)
    d. Arzt (¨in)
6. Diese Person muß diese Übungen machen, um eine Fremdsprache zu lernen. Auch muß sie nachts viel lernen, während sie viel lieber schlafen oder fernsehen würde.
    a. Taxifahrer(in)
    b. Student(in)
    c. Ingenieur
    d. Politiker(in)

F   Occupational Want Ads

Using the model below, and possibly exercise E as a guide, construct a want ad.
Try to list as many qualifications as you can which would likely be required or
recommended for a particular job.

KGM-
Konstruktionen
sucht
helle Köpfe…

Wir versprechen :
zukunftsorientierte -
gesicherte -
gut dotierte -
Beschäftigung.

Konstrukteure
Techniker

Kenntnisse im
Werkzeug- und Formenbau
erwunscht.
jedoch keine Bedingung.

Helle Köpfe melden sich gleich
bei unserem Herrn Groher.

KGM-Konstruktionen
Postfach 68
Oschstraße 21
7322 Donzdorf
Telefon (0 71 62) 22 71

Was bin ich?

Using the want ad you constructed, let your fellow students guess the occupation you are advertising by revealing the qualifications necessary for that particular occupation, one at a time. Try to proceed from general to specific qualities, so that the clues will gradually become more obvious, and your classmates will have a better chance to guess correctly.

Beispiel
1st clue: Ich muß viel lesen und schreiben.
2nd clue: Ich muß stenographieren.
3rd clue: Ich muß tippen.
usw.
Antwort: Sekretär(in).

 Fragen zur Diskussion

1. Finden Sie es richtig, daß man, wie Anton, so lange nicht arbeitet? Warum oder warum nicht? Soll man für die Zeit, die man bei der Kur verbringt, bezahlt werden? Was geschieht mit der Produktion und mit den Preisen, wenn viele Arbeiter dasselbe tun wie Anton?
2. Wohin fahren Sie am liebsten, wenn Sie in den USA auf Urlaub fahren? Was tun Sie dort?
3. Welche Methoden sollten die Gewerkschaften benutzen, wenn sie um neue Rechte und höhere Löhne kämpfen? (z.B. streiken, verhandeln, revolutionieren, usw.). Wer soll streiken dürfen und wer nicht? (z.B. Ärzte, Polizisten, Lehrer, Feuerwehrmänner, Arbeiter, Studenten)? Was halten Sie von einem Streik, der auch um politische Ziele *(goals)* kämpft?
4. Sie haben über die vielen Bäder gelesen. Glauben Sie, daß solche Mineralheilquellen *(mineral medicinal springs)* wirklich helfen? Welche anderen Vorteile, die nicht medizinisch sind, hat eine Kur? Gibt es auch in Amerika Bäder? Wo, zum Beispiel? Wer besucht solche Bäder? Möchten Sie gerne einmal eine Kur machen?

KAPITEL
NEUNZEHN
Kinder, Küche, Kirche?

Wie steht es mit der Emanzipation der deutschen Frau?

Über die Weiber

Schon der Anblick der weiblichen Gestalt lehrt, daß das Weib weder zu großen geistigen noch körperlichen Arbeiten be-
5 stimmt ist. Es trägt die Schuld des Lebens nicht durch Tun, sondern durch Leiden ab, durch die Wehen der Geburt, die Sorgfalt für das Kind,
10 die Unterwürfigkeit unter den Mann, dem es eine geduldige und aufheiternde Gefährtin sein soll. Die heftigsten Leiden, Freuden und Kraftäußerungen
15 sind ihm nicht beschieden, sondern sein Leben soll stiller, unbedeutsamer und gelinder dahinfließen als das des Mannes, ohne wesentlich glück-
20 licher oder unglücklicher zu sein.

(Schopenhauer, 1788–1860)

About Women

Already the appearance of the female figure shows that the woman is destined for neither great intellectual nor physical endeavors. She bears the burden of life not through action but through suffering—through the labor pains when giving birth, the care of the child, the subservience to the man for whom she shall be a patient and cheerful partner. She is not destined for the most intense sufferings, joys, and outbursts of energy. Rather, her life shall be quieter, less significant, and smoother than the life of the man, without being essentially happier or unhappier.

So wie der Philosoph Arthur Schopenhauer im 19. Jahrhundert, denken manche Deutsche (und Amerikaner) auch heute noch.

25 Der Mann muß hinaus
Ins feindliche Leben,
Muß wirken und streben . . .[1]

[1]Quote from the poem "Das Lied von der Glocke" by Friedrich Schiller (1759–1815): "The man must go out/into hostile life/must work and strive . . ."

178

und das Geld für die Familie verdienen. Die Frau bleibt zu Hause
und interessiert sich nur für Kinder, Küche und Kirche.

30   Aber langsam ändern sich° die traditionellen Rollen von Mann   *change*
und Frau auch in Deutschland. Die Frauen verlangen, daß auch
sie „wirken und streben" können, wo sie wollen. Nach einer Mei-
nungsumfrage° im Jahre 1964, z. B. meinten nur 25 Prozent der   *opinion poll*
Männer und 28 Prozent der Frauen, daß eine berufstätige° Frau   *working, employed*
35 „normal" sei. 1975 waren es schon 58 Prozent der verheirateten
Männer und 65 Prozent der Frauen, die glaubten, daß auch
Frauen eine Rolle im öffentlichen° Leben hätten.   *public*
    Trotz° der relativ traditionellen Einstellung° der Deutschen gibt   *in spite of/attitude*
es einige erstaunliche° Fakten: *surprising*

40 Etwa ein Drittel der Frauen arbeiten außerhalb des Hauses. 50
Prozent dieser Frauen haben Kinder.

Über 20 Prozent der Ärzte und 17 Prozent der Zahnärzte sind
Frauen. (Im Gegensatz° zu den USA gibt es aber noch relativ we-   *contrast*
nige weibliche° Professoren an den Universitäten.)   *female*

45 Über 80 Frauen besitzen° Rennpferde°, und es gibt mehr als 100   *own/racehorses*
weibliche Jockeys.

Die Bundesrepublik hatte die ersten weiblichen „Croupiers"° in   *bankers at a gambling casino*
ganz Europa.

Etwa 3 Prozent der protestantischen Pfarrer° sind Frauen. (Über 50   *pastors*
50 Prozent dieser Frauen haben ihre eigene Pfarrgemeinde.°)   *parish*

Seit dem 1. Oktober 1975 können auch Frauen in der Bundes-   *armed forces of the BRD/*
swehr° dienen°—aber nur als Ärzte.   *serve*

    Dann gibt es natürlich die „Trendsetters", wie Annemarie
Renger, Bundestagspräsidentin°; Rosemarie Frommhold, Chefin   *president of parliament*
55 der Hamburger Kriminalpolizei; Gudrun Hamann, der erste weib-
liche Schiffsingenieur, um nur einige zu nennen.
    Nach dem Grundgesetz° von 1949 haben Frauen und Männer   *basic law (constitution)*
die gleichen Rechte. In Wirklichkeit° aber muß sich noch viel   *reality*
ändern, bis es zur wirklichen Gleichberechtigung° kommt. Zum   *equality*
60 Beispiel verdienen Arbeiterinnen heute noch weniger als Arbeiter,
und ungefähr nur ein Drittel der 2,5 Millionen Beamten°² sind   *civil servants*
Frauen.
    Manchmal ist es noch so, daß der Mann seiner Frau „er-
laubt",° außerhalb des Hauses zu arbeiten, aber daß sie auch   *permits*

²A **Beamter** is a higher level civil servant. Many persons working for the federal or
state governments are **Beamte,** including teachers, railroad workers (the **Deutsche
Bundesbahn** is government–controlled), and postal employees, together with telephone and telegraph workers. To be a **Beamter** is a much desired position because
of the liberal employment benefits of German civil servants.

65 noch ihre traditionellen Hausarbeiten ganz allein machen muß und
damit praktisch zwei Jobs hat. Ist das fair?

    Allerdings glaubt die jüngere Generation weniger an diese tra-
ditionelle Rollenverteilung.° Nach einer Meinungsumfrage meinten   *division of roles*
ungefähr 60 Prozent der Jungen und 75 Prozent der Mädchen
70 zwischen 14 und 16 Jahren, daß beide Ehepartner einen Job haben sollten, und daß beide die Hausarbeit teilen sollten. Aber die
meisten dieser jungen Männer glauben immer noch, daß
Waschen, Kochen, Putzen und Einkaufen „Frauensache" sei.
Nur mit den Kindern und beim Abtrocknen wollten die jungen Her-
75 ren helfen.

    Die Frauenemanzipation hat auch negative Folgen.° So gibt es,   *consequences*
z. B., heute mehr Scheidungen° als früher, und die Frauenkrimi-   *divorces*
nalität hat auch zugenommen.° Alles hat seinen Preis.   *increased*

Language Note

Most German verbs can be made into nouns by capitalizing the
infinitive und using **das** as article:

waschen	das Waschen	*(the washing)*
kochen	das Kochen	*(the cooking)*
putzen	das Putzen	*(the cleaning)*
studieren	das Studieren	*(the studying)*
tanzen	das Tanzen	*(the dancing)*
einkaufen	das Einkaufen	*(the shopping)*
küssen	das Küssen	*(the kissing)*
wandern	das Wandern	*(the hiking)*

Das Kochen ist Frauensache.   *(Cooking is women's business.)*

**Meine Schwester will das Tan-
zen lernen.**   *(My sister wants to learn dancing.)*

Das Studieren kostet viel Geld.   *(Studying at a university costs a
lot of money.)*

**In der Kirche ist das Küssen
verboten.**   *(In church kissing is forbidden.)*

Cultural Note 1

Frau oder Fräulein?

Fräulein (Miss), the diminutive form of **Frau** (Mrs.), was traditionally used to address unmarried females. Married females were addressed as **Frau**. As in the United States, however, many women dislike that their identity is tied to their marital status which is not the case for men; whether married or unmarried, men are addressed as **Herr** (Mr.). Because of growing objections to the use of **Fräulein, Frau** is becoming the prevalent form of address for adult women, regardless of their marital status, particularly in business interactions.

A   Fragen

1. Wie sehen Sie die traditionelle Rolle des Mannes?
2. Wie sehen Sie die traditionelle Rolle der Frau?
3. Nach der Meinungsumfrage glauben mehr Männer oder mehr Frauen, daß auch die Frau eine Rolle im öffentlichen Leben hat?
4. Ungefähr wieviel Prozent der deutschen Frauen arbeiten außerhalb des Hauses?
5. Gibt es in der Bundesrepublik mehr weibliche Ärzte als in den Vereinigten Staaten?
6. Gibt es sehr viele Frauen in der deutschen Bundeswehr? Wie dienen die weiblichen Soldaten?
7. Was sagt das Grundgesetz über die Rechte von Mann und Frau?
8. Sind viele Frauen Beamte?
9. Welche Berufe sehen Sie als „typisch" männlich?
10. Welche Berufe sehen Sie als „typisch" weiblich?
11. Gibt es heute mehr oder weniger Scheidungen als vor zehn Jahren? Nennen Sie einige andere negative Folgen der Frauenemanzipation.
12. Kennen Sie einige männliche (oder weibliche) Chauvinisten? Wen? Warum finden Sie diese Menschen chauvinistisch?

B Richtig oder falsch?

Peter Alleswisser, a young German, expounds on his personal philosophy. Indicate whether you consider the following statements true or false. If you disagree with a statement, change it, so that it expresses your opinion.

1. Männer sind stärker als Frauen.
2. Frauen sind geduldiger *(more patient)* als Männer.
3. Frauen sind nicht so intelligent wie Männer.
4. Männer sind pünktlicher als Frauen.
5. Männer denken logischer als Frauen.
6. Frauen sind launischer *(moodier)* als Männer.
7. Frauen sind treuer als Männer.
8. Frauen sind gefühlvoller als Männer.
9. Männer haben mehr Courage als Frauen.
10. Frauen sind nicht so aggressiv wie Männer.
11. Männer fahren besser Auto als Frauen.
12. Frauen sprechen zu viel.
13. Männer sind besser im Sport als Frauen.
14. Wenn eine Frau Kinder hat, soll sie zu Hause bleiben.

C Wie man sich benimmt

Imagine that you are fifty years old. Which of these admonitions would you give your son or daughter? Which rules of good behavior do you still consider valid today?

A	B
Ein anständiges *(decent, well behaved)* Mädchen	trägt keine Hosen.
	spielt nicht mit Puppen.
Ein anständiger Junge	raucht nicht.
Ein richtiger Mann	geht nicht allein in eine Bar.
Eine respektable Frau	fährt nicht per Anhalter *(doesn't hitchhike)*.
	geht nachts nicht allein spazieren.
	trägt kein Make-up.
	trägt keine kurzen Hosen.
	spricht nicht mit einem fremden Mann/ mit einer fremden Frau.
	weint nicht.
	trinkt nicht zu viel.
	flirtet nicht.
	kommt nie später als Mitternacht nach Hause.
	schlägt kein Mädchen/keinen Jungen.
	?

D   Was glauben Sie?

Waschen	ist	Männersache.
Kindererziehen		Frauensache.
Rasenmähen *(lawn mowing)*		Männer- und Frauen-sache.

Einkaufen
Kochen
Autoreparieren
Abwaschen   *(washing the dishes)*
Nähen
Putzen
In einem Restaurant be-dienen
Abtrocknen
Taxifahren
?

E   Auf zum Kampf!

Susan Sontag, an American feminist, has made some radical suggestions to fur-ther the cause of women's liberation.

„Lernen Sie Karate!"
„Pfeifen *(whistle)* Sie den Männern auf der Straße nach!"
„Werfen Sie Bomben auf Damenfriseur-geschäfte *(beauty salons)!*"
„Behalten Sie Ihren Mädchennamen (wenn Sie heiraten)!"
„Öffnen Sie Krankenhäuser und Abtreibungs-kliniken *(abortion clinics)* für Frauen!"
„Halten Sie Schönheitskonkurrenzen *(beauty contests)* für Männer!"

Add your own suggestions.

1. _____

2. _____

3. _____

Reading Hint

German compound nouns, unlike English ones, are written as one word. The gender of the compound noun is determined by the last noun in the word, e.g., **das Damenfriseurgeschäft (die Damen, der Friseur, das Geschäft)**. Other examples are **die Schönheitskonkurrenz, das Krankenhaus, die Meinungsumfrage, der Zahnarzt, die Hausarbeit, der Ehepartner**. With a little imagination, the meanings of compound nouns are usually easy to figure out. For example, the German word for thimble: **der Fingerhut** (finger hat). Can you guess the meanings of these words?

1. der Handschuh
2. der Menschenfresser
3. die Blutarmut
4. der Fallschirm
5. das Stinktier

6. der Fahrstuhl
7. die Rolltreppe
8. der Bildhauer
9. das Lebensmittelgeschäft
10. der Untergrundbahnfahrkartenautomat

F Mensch ärgere dich nicht!

1. Wer ärgert sich worüber? *(Form sentences combining elements from all columns.)*

Eine Mutter	ärgert sich, wenn	das Kind sein Zimmer nicht sauber macht.
Lehrer	ärgern sich, wenn	
Ein Elefant		sie für eine Frau arbeiten müssen.
Emanzipierte Frauen		
Chauvinistische Männer		sie schlechte Noten bekommen.
Ein Vater		
Studenten		Männer mehr verdienen als Frauen.
Ein Hund		
?		die Frau zuviel Geld ausgibt.
		man ihn nicht in Ruhe läßt.
		man ihn badet.
		Kinder zu viel sprechen.
		?

2. Worüber ärgern Sie sich? (unfaire Lehrer, teure Preise, schlechtes Wetter,?)
   Beispiel
   Ich ärgere mich über zu viele Hausaufgaben.

   _____

   _____

   _____

3. Ärgern Sie sich über das Zitat *(quote)* von Schopenhauer? Welche Bemerkungen *(comments)* Schopenhauers ärgern Sie?

_____

_____

_____

4. Ärgern Sie sich über Susan Sontags Bemerkungen? Über welche?

_____

_____

_____

Cultural Note 2

Emanzipation in der Berufswahl?

Wer sich nach der Schule für eine betriebliche° Berufsausbildung entscheidet, kann unter rund 450 verschiedenen Lehrberufen wählen. Aber das Hauptinteresse der Jugendlichen konzentriert sich auf nur einige wenige Berufe. Von den insgesamt rund 950 000 Jungen, die Anfang 1979 in der Bundesrepublik in der Lehre° waren, hatten sich knapp 380 000 (40%) für jene zehn Berufe entschieden, die das Bild zeigt. Noch eingeengter *(more restricted)* sind die Berufswünsche der Mädchen. Zwei Drittel der 566 000 weiblichen Lehrlinge waren in ebenfalls nur zehn Berufen zu finden.

trade- or business related

apprenticeship

G Diskussionsfragen

1. Halten Sie die Einstellung *(attitude)* Schopenhauers für modern oder für reaktionär? Warum?
2. Wie steht es mit der Gleichberechtigung in Ihrer Schule? In Ihrer Klasse? In Ihrer Familie? Haben die Mädchen die gleichen Rechte wie die Jungen?
3. Sind Sie für oder gegen die Emanzipation der Frau? Warum?
4. Viele Menschen glauben, daß „Muttersein" und Kindererziehen die wichtigsten Aufgaben der Frau seien, und daß eine Frau nicht arbeiten sollte, wenn sie kleine Kinder hat. Was glauben Sie? Welche Rolle spielt der Mann bei der Erziehung der Kinder?
5. Man spricht meistens nur von der Emanzipation der Frau. Sollte man nicht auch von der Emanzipation des Mannes sprechen? Warum?
6. Machen Sie eine Liste von traditionellen Frauen- und Männerberufen. Warum gibt es wenige Männer oder Frauen in diesen Berufen?

H Special-Interest Projects

1. Look at advertisements in German magazines and newspapers. How are women portrayed in these ads (age, appearance, occupation, etc.)? What goods or services are offered by women? Make some generalizations on whether the women's liberation movement has affected German advertising. Compare American advertising practices with German practices. You might like to make a collage with newspaper or magazine cutouts displaying ads showing German women in traditional roles and in "liberated" roles.
2. During the next week, keep a record of how often women are shown in traditional female and in emancipated roles, using TV programs, ads, films, novels, textbooks, popular songs, etc., as sources of information. Compare the lists and report your findings to the class.

KAPITEL
ZWANZIG
Was halten die Deutschen von den Amis?°

(slang) Americans

Jedes Jahr kommen immer mehr Deutsche als Touristen in die
Vereinigten Staaten. Oft besuchen sie Verwandte, denn jeder dritte
Deutsche hat Verwandte in Amerika. Nach einer Meinungsum-
frage° sehen 49 Prozent der Bundesbürger in den Amerikanern die   *opinion poll*
5 besten Freunde Deutschlands.

Was halten denn die Deutschen von den Amis? Um eine Ant-
wort auf diese Frage zu bekommen, interviewten wir ein junges
Ehepaar, Herrn und Frau Wagner, beide Englischlehrer an einer
Mittelschule.

10 INTERVIEWER: „Herr und Frau Wagner, Sie kommen gerade von
einer sechswöchigen Reise durch die Vereinigten Staaten
zurück. Was halten Sie von dem Land?"
HERR WAGNER: „Amerika ist nicht leicht zu beschreiben.° Es ist   *describe*
ein unglaublich° vielseitiges° Land. Wir dürfen nicht verges-   *unbelievably/varied*
15 sen, daß die Vereinigten Staaten fast 31 mal so groß sind wie
die Bundesrepublik und fast viermal so viele Menschen haben."

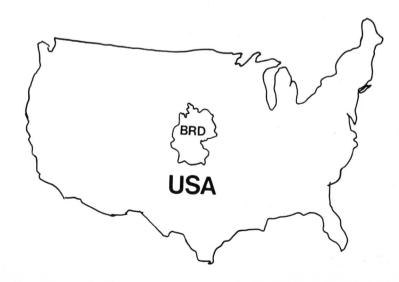

INTERVIEWER: „Und was halten Sie von den Menschen in Amerika?"

FRAU WAGNER: „Die Amerikaner, die wir kennengelernt haben,
20 waren sehr freundlich und hilfsbereit.° Man nannte uns gleich *helpful*
beim Vornamen, was mir manchmal etwas komisch° vor- *strange, funny*
kam, da ich die Leute doch kaum kannte. Die Menschen
scheinen ungezwungener° und unkomplizierter° zu sein als wir. *less formal/less complicated*
Auch im besten Restaurant, auf Partys und im Theater kann
25 man Blue-Jeans sehen."

HERR WAGNER: „Nun, das sind hauptsächlich° junge Leute und *predominantly*
Studenten. Die ziehen sich bei uns auch ziemlich ungezwun-
gen° an." *informally*

FRAU WAGNER: „Aber doch nicht ganz so ungepflegt,° mit *careless, sloppy*
30 Löchern in der Kleidung, in abgeschnittenen und ausgefran-
sten° Hosen, Unterhemden und ohne Strümpfe." *frayed*

INTERVIEWER: „Was hat Ihnen in den Staaten am besten gefallen?"

HERR WAGNER: „Praktisch alles ist viel offener als hier. Zum Bei-
35 spiel sieht man selten Zäune° um die Häuser, und die Leute *fences*
regen sich nicht auf,° wenn ein Kind oder ein Hund über den *do not get upset*
Rasen° läuft. Hier in Deutschland verbarrikadiert sich praktisch *lawn*
jeder Hausbesitzer hinter einem Zaun."

FRAU WAGNER: „Du darfst aber nicht vergessen, daß man in
40 Amerika viel mehr Platz hat. Man kann sich mehr ausbreiten,° *spread out*
ohne vom Nachbarn überrannt° zu werden." *run over*

HERR WAGNER: „Ja, da hast du schon recht. Auch das Innere° *inside*
der Häuser ist offener. Oft gehen Küche, Wohnzimmer und
Eßzimmer ineinander. Bei uns sind die Zimmer meistens
45 durch Türen abgegrenzt."

FRAU WAGNER: „Was ich schön fand, war, daß viele Geschäfte,
besonders in den Einkaufszentren, auch abends und am
Wochenende offen sind. Es ist viel leichter für berufstätige° *employed*
Leute drüben einzukaufen. Natürlich möchte ich nicht eine der
50 Verkäuferinnen sein, die samstagabends und sonntags arbeiten müssen. Hier macht alles um sechs Uhr abends zu, und
samstags sind die meisten Geschäfte auch nur bis 13 Uhr offen, außer einmal im Monat, wenn man bis 17 Uhr einkaufen
kann."

55 HERR WAGNER: „Und die Straßen, die wunderbaren Straßen! Der
Verkehr fließt° nur einfach so. Natürlich gibt es in den *flows*
Städten auch oft Stauungen,° aber auf den amerikanischen *traffic jams*
Landstraßen ist das Fahren direkt ein Vergnügen. Sogar auf
den Autobahnen darf man nur etwa 90 km die Stunde fahren.
60 Bei uns auf den Autobahnen fahren die meisten wie Idioten."

INTERVIEWER: „Und was hat Ihnen nicht gefallen?"

FRAU WAGNER: „Ich fand es einfach furchtbar, daß alle sieben
Minuten die Werbung° das Fernsehprogramm unterbricht.° *advertising/interrupts*

Wir müssen zwar in Deutschland Fernseh- und Radio-
65 gebühren° bezahlen,[1] aber wenigstens werden wir nicht lau- | TV and radio fees
fend° mit Reklame° bombardiert. Es ist wirklich komisch, | continuously/
wenn man sich die Nachrichten anhört oder einen Film an- | advertising
sieht und ganz plötzlich von einer jungen Dame oder einem
attraktiven Mann unterbrochen wird, der Rasierwasser, Seife
70 oder Cornflakes verkaufen will."

HERR WAGNER: „Ach, und dann die Beerdigungen,° vergiß nicht | funerals
die Beerdigungen!"

FRAU WAGNER: „Ach ja, wir waren bei einer amerikanischen
Beerdigung. War das ein Erlebnis! Die alte Dame war an
75 Krebs° gestorben und muß drei Monate lang furchtbar gelit- | cancer
ten° haben. Aber im Beerdigungsinstitut hatte man sie wie ei- | suffered
nen Filmstar zurechtgemacht°—mit Locken,° Lippenstift und | prepared/curls
viel Rouge. Und der Sarg° war mit rosa und hellblauer Seide° | coffin/silk
und Rüschen° verziert. Ich weiß nicht, ob die Amerikaner den | ruffles
80 Tod nicht wahrhaben wollen, weil sie versuchen, ihn so zu
verschönern.° Bei uns geht das alles noch etwas natürlicher | beautify
zu: einfache Särge, keine Einbalsamierung° und selten Make- | embalmment
up für die Toten."

INTERVIEWER: „Gibt es große Unterschiede im Lebensstil der
85 Amerikaner und der Deutschen?"

HERR WAGNER: „Ich habe eigentlich keine großen Unterschiede
bemerkt.° Man muß hier und dort arbeiten, um seinen | noticed
Lebensunterhalt zu verdienen—vielleicht etwas mehr in den
Staaten. Man kann hier und dort gut einkaufen und wunderbar
90 essen.—Die amerikanischen Steaks sind die besten der
Welt!—Die meisten deutschen Familien haben auch eine
Waschmaschine, einen Kühlschrank, usw."

FRAU WAGNER: „Aber vielleicht gibt es drüben doch mehr
Spülmaschinen und Wäschetrockner. Und auch ein Telefon
95 findet man drüben praktisch in jedem Haushalt, was hier
noch nicht der Fall ist."

HERR WAGNER: „Was mich überraschte° war, daß man in den | surprised
Staaten noch so viel Armut° sehen kann. Ich will nicht sagen, | poverty
daß es in Deutschland keine Armut mehr gibt, aber man
100 kann sie wenigstens nicht so offen sehen. In Amerika, in
manchen Städten und auch auf dem Land sieht man manch-
mal heruntergekommene° Häuser und schmutzige Wohnun- | dilapidated
gen, in denen bei uns keiner wohnen würde."

FRAU WAGNER: „Ja, bei uns ist die soziale Seite des Lebens
105 etwas mehr geregelt.° Deutschland hat schon seit Jahrhunder- | organized
ten soziale Probleme. In Amerika kennt man Arbeitslosigkeit,° | unemployment
Platzmangel,° Überbevölkerung° und Umweltverschmutzung° | lack of space/overpopulation/
erst seit wenigen Jahren." | pollution

[1]See Cultural Note

HERR WAGNER: „Aber trotz mancher negativen Eindrücke ist
110   Amerika einfach ein phantastisches Land, wirklich das Land
       der großen Gegensätze.° Man muß es gesehen haben, um es   *contrasts*
       zu verstehen."

Cultural Note

West German television is noncommercial (as is radio broadcasting). There is some advertising, but it is concentrated into a
short broadcast during the early evening. West German television's main support comes from monthly assessments of DM 13.
(DM 3.—for radio) which each TV set owner pays to the German
federal postal system (**Bundespost**). Part of this fee is kept by
the **Bundespost** in payment for providing towers, transmitters,
cables, relays, and other equipment required to air TV programs. The rest of the money goes to the networks.

A   **Fragen über den Text**

1.   Wie lange waren Herr und Frau Wagner in den Vereinigten Staaten?
2.   Warum ist Amerika nicht leicht zu beschreiben?
3.   Welches Land hat mehr Einwohner, die Bundesrepublik oder die USA?
4.   Wie findet Frau Wagner die Amerikaner?
5.   Warum fand Frau Wagner es komisch, daß man sie mit dem Vornamen
     ansprach?
6.   Warum findet Frau Wagner die Amerikaner ungezwungen und unkompliziert?
7.   Wie ziehen sich junge Leute in Deutschland an?
8.   Was hat Herrn Wagner in den Vereinigten Staaten am besten gefallen?
9.   Warum gefallen Frau Wagner die amerikanischen Geschäftszeiten?
10. Müssen Amerikaner eine Fernseh- und Radiogebühr bezahlen?
11. Was findet Frau Wagner bei amerikanischen Beerdigungen komisch?
12. Gibt es in Deutschland arme Leute?
13. Wo ist die Armut leichter zu sehen, in den Staaten oder in der Bundesre-
     publik?
14. Warum glaubt Frau Wagner, daß die soziale Situation in der Bundesrepublik
     besser geregelt ist als in Amerika?

B   Stereotypen I

Most people have some preconceived notions about other nationalities. One can frequently hear generalizations such as "the Germans are militaristic," or "the French are great lovers," from people who have never set foot on German or French soil. Sometimes these stereotypes have their roots in the past history or traditions of a people. But history and traditions change, and many of the phrases and clichés might no longer be true for a large group of the population. Stereotypical statements are the source of ethnic humor. They always deal with vast generalizations, and it is the custom of applying a trait to every citizen of a country which makes these stereotypes sometimes funny (and, of course, also offensive and dangerous if one literally believes in them).
Put together familiar stereotypes from columns A and B or create your own.

A	B
1. Die Deutschen	a. arbeiten nicht gern.
2. Die Amerikaner	b. lieben die Ordnung.
3. Die Franzosen	c. sind gefühlskalt.
4. Die Engländer	d. können nicht gut kochen.
5. Die Italiener	e. trinken zu viel Wein.
6. Die Spanier	f. haben keinen Humor.
7. Die Mexikaner	g. essen immer Sauerkraut.
8. Die Russen	h. machen den ganzen Tag lang „Siesta".
9. Die Chinesen	i. sind romantisch.
10. Die Iren	j. sind temperamentvoll.
11. ?	k. streiten sich gern.
	l. ?

Kurz gelacht

„Mein schottischer Jugendfreund schickte mir gestern sein
Bild."
„Und wie sieht er jetzt aus,
dein Jugendfreund?"
„Ich weiß noch nicht, ich
muß die Aufnahme erst ent-
wickeln lassen."

Ein Schotte traf seinen
Freund.
„Warum bist du so traurig,
James?"
„Unser Fußballclub, der seit
46 Jahren besteht, wurde heute
aufgelöst."
„Warum denn?"
„Wir haben den Ball verloren."

Das kritische Zitat

Die Engländer haben die
Tischreden erfunden, damit
man ihr Essen vergißt.
Pierre Daninos

C Stereotypen II

Vorurteile (prejudices) *und Stereotypen beziehen sich nicht nur auf andere Nationalitäten. Menschen haben Vorurteile gegen fast alles, was „anders" ist als sie selbst: andere Rassen, andere Altersgruppen, andere Berufe, Menschen anderer sozialer Klassen, usw. Was sagt man, z. B., von den folgenden Gruppen? Suchen Sie die besten Antworten.*

1. Ältere Menschen sagen oft, daß die Jugend von heute . . .
   a. zuviel arbeitet.
   b. keine Selbstdisziplin hat.
   c. militaristisch ist.
   d. ?

2. Junge Leute sagen oft, daß ältere Menschen . . .
   a. altmodisch denken.
   b. nur an Geld denken.
   c. die Jugend gut verstehen.
   d. ?

3. Männer glauben oft, daß Frauen . . .
   a. schwach sind.
   b. ins Haus gehören.
   c. nichts von Politik verstehen.
   d. ?

4. Frauen sagen oft, daß Männer . . .
   a. gefühlskalt sind.
   b. zuviel arbeiten.
   c. zuviel an Sex denken.
   d. ?

5. Kinder glauben oft, daß Eltern . . .
   a. zu streng sind.
   b. zu wenig Zeit haben.
   c. zu konservativ sind.
   d. ?

6. Südländer sagen oft, daß Menschen, die im Norden wohnen, . . .
   a. sehr temperamentvoll sind.
   b. unfreundlich sind.
   c. humorlos sind.
   d. ?

7. Menschen, die im Norden wohnen, sagen, daß Südländer . . .
   a. heißblütig sind.
   b. gern arbeiten.
   c. einen gemütlicheren Lebensstil haben.
   d. ?

8. Reiche Leute sagen manchmal, daß arme Leute . . .
   a. mehr arbeiten sollen.
   b. zuviel Geld vom Staat bekommen.
   c. zu viele Kinder haben.
   d. ?

9. Gangster sagen oft, daß Polizisten . . .
   a. brutal sind.
   b. dumm sind.
   c. selbst ins Gefängnis *(prison)* gehören.
   d. ?

10. Studenten sagen oft, daß Professoren . . .
    a. unfair sind.
    b. zuviel Geld verdienen.
    c. zuviel verlangen.
    d. ?

D Was halten die Amerikaner von den Deutschen?

Richtig oder falsch? *If you disagree with a statement, change it so that it fits your opinion.*

Der typische Deutsche . . .

1. lebt von Sauerkraut und Bratwurst.
2. ist bequem und arbeitet nicht gern.
3. ist genau und liebt die Ordnung.
4. ist schmutzig und unordentlich.
5. ist unfreundlich und reserviert.
6. fährt Auto wie ein Verrückter.
7. ist ungebildet.
8. ist militaristisch und aggressiv.
9. trinkt von morgens bis abends Bier.
10. ist laut und dickköpfig.
11. singt nicht gern.
12. ist humorlos.
13. benimmt sich immer korrekt und höflich.
14. schüttelt die Hand, wenn er einen Freund oder Bekannten trifft.
15. ist immer korrekt gekleidet.
16. legt die Füße auf den Tisch.
17. spielt gern Cricket.
18. ist unkompliziert.
19. ?

E   Wie sehen uns die andern?

Was sagen Menschen anderer Nationen über die Amerikaner? Wählen Sie eine der Antworten, oder geben Sie Ihre eigene Antwort.

1. Amerikaner trinken zu viel _____
   (Wein, Coca-Cola, Wasser, Fruchtsaft, Milch, Schnaps, ?)
2. Amerikaner interessieren sich hauptsächlich für _____
   (*Football*, Politik, Geld, Sex, Religion, Philosophie, materiellen Komfort, ?)
3. Amerikanische Eltern sind _____
   (autoritär, zu nachgiebig *(permissive)*, tyrannisch, tolerant, ?)
4. Amerikaner essen am liebsten _____
   (Steak, *Hamburger*, Hähnchen, Fisch, Kuchen, Pizza, ?)
5. Amerikanische Frauen sind _____
   (zu aggressiv, zu faul, schlampig *(sloppy)*, keine guten Hausfrauen, ?)
   ?

F   Karikaturen

Wie sieht der „typische" Deutsche aus? der typische Engländer? der typische Franzose? Wählen Sie eine Nation und malen Sie das Portrait eines „typischen" Bürgers (citizen) *dieser Nation.*

1. Ist diese Person . . .
   groß oder klein?
   dick oder dünn?
   sympathisch oder unsympathisch?
   ernst oder humorvoll?
   idealistisch oder realistisch?
   scheu oder aggressiv?
   Individualist oder Konformist?
   fleißig oder faul?
   freundlich oder unfreundlich?
   schön oder häßlich?
   sparsam *(thrifty)* oder verschwenderisch *(wasteful)*?
   leidenschaftlich *(passionate)* oder gefühlskalt?
   einfach oder kompliziert?
   ehrlich *(honest)* oder unehrlich?
   ?
2. Hat diese Person . . .
   blonde, schwarze, rote oder braune Haare?
   blaue, braune, grüne oder graue Augen?
   große oder kleine Füße?
   ?
3. Ist diese Person gut oder schlecht, ordentlich oder unordentlich gekleidet?
4. Raucht diese Person Zigaretten, Zigarren, Pfeife, oder ist sie Nichtraucher(in)?
5. Was ist der Beruf *(occupation)* dieser Person?

KAPITEL
EINUNDZWANZIG
Berlin—eine Stadt, *zwei* Länder

Woran denken Sie, wenn Sie an Berlin denken? Sie denken vielleicht an das Kabarett der Weimar Republik *(see Cultural Note),*
das Brandenburger Tor,[1] das restaurierte Reichstagsgebäude,[2]

[1]The Brandenburg Gate was constructed in the 1790s during the reign of the
Prussian king Frederick the Great. Once the symbol of Prussian military power, this
triumphal arch is now a sober reminder of Berlin's division. The Berlin Wall borders
directly on the gate.
[2]The *Reichstagsgebäude,* located near the Brandenburg Gate, was erected between 1884 and 1894. The structure housed Germany's parliament until 1933,
when its destruction by fire provided Hitler with the opportunity to seize control of
Germany. Today it is a museum of German history.

Das restaurierte Reichstagsgebäude am Platz der Republik

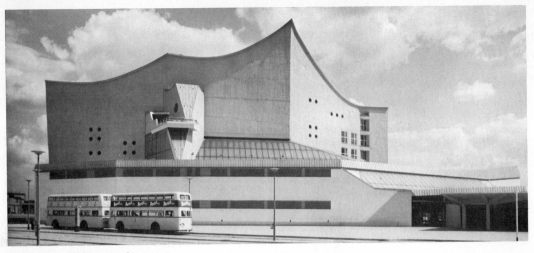

Die Berliner Philharmonie

Herbert von Karajan, den Dirigenten° der Berliner Philharmoniker,   *conductor*
oder an Jesse Owens, der 1936 im Berliner Olympiastadion Hit-
lers Träume eines deutschen Olympiadensieges zerschmetterte.°   *smashed*
Aber wahrscheinlich denken Sie an eine Stadt, die politisch,
ökonomisch, ideologisch und kulturell eigentlich zwei Städte ist.
Fast jeder Tourist in Berlin sieht die Berliner Mauer, die Ost- und
West-Berlin trennt, und die Grenzübergänge° wie Checkpoint   *border crossings*
Charlie und Bahnhof Friedrichstraße.[3] Der Besucher erlebt die Un-
bequemlichkeit° der Zollkontrolle,° wenn er von einem Stadtteil in   *inconvenience/customs-*
den anderen geht und fragt sich natürlich, wie diese Situation
überhaupt entstanden ist.

Um diese Frage zu beantworten, muß man die Geschichte
Deutschlands seit dem zweiten Weltkrieg kennen. 1945 entschieden sich die Alliierten (England, Frankreich, die Sowjetunion und
die USA) in Yalta zur Teilung° nicht nur von Deutschland, sondern   *division*
auch von der Hauptstadt Berlin. Die Sowjetunion wollte ein kom-
munistisches Deutschland nach dem russischen Modell. Die westlichen Alliierten, unter Führung der Amerikaner, wollten ein ka-
pitalistisches Deutschland im Sinne der USA. Aus diesem Konflikt
entstand die politische Situation, die wir heute den „kalten Krieg"
nennen. Berlin wurde zum Brennpunkt dieser Konfrontation
zwischen Ost und West. Da Berlin tief innerhalb der DDR
(Deutschen Demokratischen Republik) liegt, wurde das Problem
noch schwieriger. Die nächste westdeutsche Stadt, Helmstedt, ist
etwa 160 Kilometer entfernt. Wie konnte die geteilte° Stadt in   *divided*
dieser isolierten Lage überhaupt weiterexistieren?

[3]Checkpoint Charlie is also located on the *Friedrichstraße*. However, this crossing
for non-Germans is directly at the Wall, whereas *Bahnhof Friedrichstraße* is inside
East Berlin.

Bahnhof Friedrichstraße in Ost-Berlin

Checkpoint Charlie in West-Berlin

Berlin 1948: Die Luftbrücke

30   Es war nicht leicht! Im Jahre 1948 blockierten die Russen alle
Straßen zum Westen und stellten Berlins Elektrizität ab.° Sie woll-   *turned off*
ten die alliierten Westmächte dazu zwingen, die Stadt zu verlas-
sen, um den kapitalistischen Einfluß und die Möglichkeiten zur
Spionage° in der russischen Zone einzuschränken.° Etwa ein Jahr   *espionage/reduce*
35 lang versorgten° die Amerikaner und die Engländer Berlin aus der   *supplied*
Luft. Mit Flugzeugen brachten sie 1,5 Millionen Tonnen Güter°   *supplies*
nach Berlin. Der Westberliner Wille zum Leben wurde durch diese
Episode weltbekannt. Aber diese Krise° war nur der Anfang.   *crisis*
       Während der spätfünfziger Jahre flüchteten° jede Woche un-   *fled*
40 gefähr 4 000 DDR-Bürger nach West-Berlin. Sie kamen aus politischen Gründen, um am westdeutschen „Wirtschaftswunder"
teilzunehmen° oder um bei ihren Familien zu sein, die im Westen   *participate*
wohnten. Die DDR beendete 1961 diese Massenflucht mit der
Mauer. West-Berlin wurde nicht nur von Ost-Berlin getrennt, son-
45 dern wurde auch von der unmittelbaren° Umgebung° abgeschnit-   *immediate/surroundings*
ten.° Damit war West-Berlin vollkommen von der Hilfe des Westens   *cut off*
abhängig.° Aber die Abhängigkeit und die Isolation verhinderten°   *dependent/prevented*
nicht das Weiterleben der Stadt. West-Berlin ist sogar heute noch
die größte deutsche Industriestadt.

50   Die Gründe für das aktive Weiterleben West-Berlins sind viel-
fach. Drei der wichtigsten Gründe sind die politische und finan-
zielle Unterstützung° des Westens, enge wirtschaftliche Verbindun-   *support*
gen° mit der Bundesrepublik und vor allem der außergewöhnliche°   *connections/exceptional*
Berliner Lebenswille. Man denkt zum Beispiel an John F. Kennedys
55 Berlinbesuch zwei Jahre nach der Errichtung° der Mauer und an   *construction*
seine berühmten Worte „Ich bin ein Berliner." Damit betonte er die
Solidarität der USA mit West-Berlin.
    Im Gegensatz° zur Konfrontation der sechziger Jahre arbeiten   *contrast*
heute Ost und West zusammen. Diese sogenannte Ostpolitik[4]
führte 1972 zum Vier-Mächte-Abkommen,° das den Zugang° der   *agreement/access*
BRD nach West-Berlin sicherte. Das politische Weiterleben West-
Berlins ist heute dadurch fast selbstverständlich, hauptsächlich
weil die Stadt nicht mehr der heiße politische Brennpunkt des kalten Krieges ist.

[4]Willi Brandt, former mayor of West Berlin and chancellor of the **Bundesrepublik**
during the early 1970s, received the Nobel Peace Prize for his efforts to improve
relationships between East and West.

Cultural Note

The Weimar Republic (1919–1933) was Germany's first experience with parliamentary democracy. Burdened after World War
I with the heavy reparation payments imposed by the Versailles
Treaty, uncontrollable inflation until 1923, radical extremism,
and finally the Wall Street collapse of 1929, this first German
republic succumbed to Hitler's authoritarian form of government
in 1933. Although relatively short-lived, the Weimar period pro-
duced a modern-day intellectual and cultural version of the Ath-
enian Golden Age. Among the famous names and intellectual
movements associated with the period were Albert Einstein (Nobel Prize winning physicist), Max Planck (also a world-famous

Albert Einstein
Physiker, 1879–1955

Bertolt Brecht
Schriftsteller, 1899–1956

Herman Hesse
Schriftsteller, 1877–1962

Thomas Mann
Schriftsteller, 1875–1955

Walter Gropius
Architekt, 1883–1969

physicist), Gottfried Benn (author and poet), Bertolt Brecht (playwright, the *Three Penny Opera*), Wassily Kandinsky (expressionist painter), Alfred Döblin (author of novel *Berlin Alexanderplatz*), Rainer Maria Rilke (poet, composed the *Duineser Elegien*), Hermann Hesse (novelist), Thomas Mann (novelist, *Der Zauberberg* and *Doktor Faustus*), Gerhart Hauptmann (playwright), Carl Zuckmayer (playwright), Marlene Dietrich (actress, starred in *Der blaue Engel*), the "Bauhaus" (an architectural movement founded by Walter Gropius), Expressionism, and Dadaism.

A Fragen über den Text

1. Wofür ist Berlin bekannt?
2. Wer ist Herbert von Karajan?
3. Wer war Jesse Owens? Warum ist er berühmt?
4. Warum kann man sagen, daß Berlin zwei Städte ist?
5. Was sind Checkpoint Charlie und Bahnhof Friedrichstraße?
6. Was geschah mit Deutschland und Berlin im Jahre 1945?
7. Welcher westdeutsche Ort liegt Berlin am nächsten?
8. Was wollte die Sowjetunion nach dem zweiten Weltkrieg? Was wollten die anderen Alliierten?
9. Wie nannte man den Konflikt zwischen Ost und West?
10. Warum ist die geographische Lage Berlins ein Problem?
11. Was taten die Russen 1948?
12. Wie bekamen die Westberliner die notwendigen Güter zum Leben während der sowjetischen Blockade?
13. Wie nennt man die wirtschaftliche Blüte der BRD während der fünfziger Jahre?
14. Warum flüchteten viele DDR-Bürger in den Westen?
15. Was tat die DDR, um diese Flucht zu beenden?
16. Wann wurde die Berliner Mauer errichtet *(built)*?
17. Welche Stadt ist heute die größte deutsche Industriestadt?
18. Was sagte John F. Kennedy 1963, als er West-Berlin besuchte? Was meinte er damit?
19. Warum bekam Willi Brandt den Nobel Friedenspreis?
20. Was sichert das Vier-Mächte-Abkommen?
21. Wo sind heute wichtige Brennpunkte des „kalten Krieges"?

Der Berliner Ku'damm

Der Kurfürstendamm (Kaiser-Wilhelm-Gedächtniskirche im Hintergrund)

Eine Großstadt[1] wie Berlin bietet vieles. Kulturell ist Berlin, Ost und West, führend im deutschsprachigen Gebiet. Es gibt die Philharmonie, Museen, wie Dahlem[2] und die Neue Nationalgalerie[3] in West-Berlin sowie das Pergamon Museum[4] in Ost-Berlin. Touri-

[1]Trotz der ungewöhnlichen (unusual) politischen Situation ist Berlin heute die größte europäische Stadt zwischen Paris und Moskau. Über drei Millionen Menschen wohnten 1978 in der Stadt, etwa 1,9 Millionen westlich der Mauer, 1,1 Millionen in Ost-Berlin. Berlin umfaßt (encompasses) 883 Quadratkilometer, etwa dreimal die Fläche (area) von München.
[2]The Dahlem Gallery houses predominantly Renaissance art works, including a Rembrandt collection consisting of 26 paintings by the Dutch master.
[3]The New National Gallery was constructed in 1968 according to plans by Mies van der Rohe. In contrast to Dahlem this museum focuses on modern art of the 19th and 20th centuries.
[4]The Pergamon Museum is world-famous for its Greek and Near-Eastern antiquities.

202

5 sten und Berliner besuchen auch die Oper und die vielen Theater,
wie das Schiller Theater im Westen und das Brechtsche Berliner
Ensemble im Osten.

Ein Bummel° auf dem Kurfürstendamm (von den Berlinern ein-   *casual stroll*
fach Ku'damm genannt) ist immer interessant. Dort kann man Tag
10 und Nacht etwas erleben. Auf dieser dreieinhalb Kilometer langen
Straße gibt es hunderte von Restaurants, Cafés, Gaststätten und
Imbißstuben. Auch findet man 92 Modehäuser und Boutiquen, 14
Nachtklubs und Diskotheken, 26 Kinos, drei Theater und viele
Straßenhändler. Es ist deshalb keine Überraschung,° daß der   *surprise*
15 Ku'damm für die Westberliner Mittelpunkt ihrer Stadt ist. (Adapted
from *Scala.*)

B   Fragen über den Text

1. Wie heißen zwei Museen, die Sie in West Berlin besuchen können?
2. In welchem Museum findet man Kunstwerke der griechischen Antike?
3. Wie viele Menschen wohnten 1978 in Berlin (Ost und West)?
4. Wie heißt die Lieblingsstraße der Westberliner?
5. Was kann man am Ku'damm alles tun?
6. Warum kann man sich auf dem Berliner Ku'damm nicht langweilen *(be bored)?*

C   Richtig oder falsch?

Consult the two reading passages on Berlin and decide whether the following statements are true or false. If a statement is false, rewrite or restate it to make it true.

1. Herbert von Karajan nahm 1936 an der Berliner Olympiade teil.
2. Berlin liegt an der Grenze zwischen der BRD und der DDR.
3. Checkpoint Charlie ist ein Grenzübergang für Nicht-Deutsche.
4. Bahnhof Friedrichstraße ist in Ost-Berlin.
5. Die Berliner Mauer trennt die DDR und die BRD.
6. Den Konflikt zwischen Ost und West nannte man den „alten Krieg."
7. Die Engländer und die Amerikaner halfen 1948 den Berlinern.
8. Während der dreißiger Jahre kamen viele Ostberliner nach West-Berlin.
9. John F. Kennedy besuchte 1963 West-Berlin.
10. Willi Brandt arbeitete für die Westpolitik und bekam dafür den Nobel Friedenspreis.
11. Den Ku'damm findet der Tourist in Ost-Berlin.
12. Die Berliner bummeln oft durch die Philharmonie.
13. Berlin (Ost und West) ist ungefähr dreimal so groß wie München.
14. Frankfurt ist die größte europäische Stadt zwischen Paris und Moskau.

D   Was sollten Sie sich ansehen?

Consult the reading passages and the pictures in this chapter and construct original sentences from the models given below.

Ein Tourist in Berlin sollte sich _____ ansehen, _____

1. Checkpoint Charlie
2. das Dahlem Museum
3. die Kaiser-Wilhelm-Gedächtnis kirche
4. die Mauer
5. das Reichstagsgebäude
6. das Olympiastadion
7. die Philharmonie
8. die Neue Nationalgalerie
9. den Ku'damm
10. den Tiergarten
11. ?

   a. um die Kriegszerstörungen *(war destruction)* nicht zu vergessen.
   b. wenn er die Renaissancekunst gern hat.
   c. um die Geschichte Deutschlands besser zu verstehen.
   d. wenn er einen Grenzübergang fotografieren will.
   e. wenn er Ruhe haben will.
   f. wenn er sich für Sport interessiert.
   g. um zu erkennen, daß Berlin geteilt ist.
   h. wenn er die moderne Kunst gern hat.
   i. wenn er sich für Musik interessiert.
   j. wenn er gern bummelt.
   k. ?

E   Beschreiben Sie das Bild!

*Write a paragraph in German describing the picture of the **Kurfürstendamm** shown on page 202. The following could be an initial sentence of the paragraph:*

Der Kurfürstendamm ist die Hauptverkehrsstraße in West-Berlin.

F   Berühmte Deutsche

In the cultural note on the Weimar Republic you read about several famous people who contributed in various ways to the intellectual and cultural life in Germany. Choose a person from that list (or another famous person from the time of the Weimar Republic) and write a short biography about him or her in German. Consult reference materials (perhaps your instructor will have some suggestions) and try to use vocabulary and phrases already familiar to you. You might read the paragraph aloud to your fellow students and have them guess the personality about whom you have written.

German-English Vocabulary

This vocabulary contains most of the words essential to the student's active participation in the communicative exercises. Items which students can recognize without lexical aid have been omitted; these include articles, pronouns, numbers, weekdays, names of the months, etc. In addition, clearly recognizable cognates are also omitted, including 1) nouns whose gender is recognizable from context, 2) most **-ieren** verbs, and 3) certain **-isch** adjectives.

Nouns are listed along with the plural forms: **die Frau, -en.** If an umlaut occurs in the plural, it is entered above the hyphen: **der Apfel, ¨.** If there is no change of the noun in the plural, it is indicated by a hyphen: **der Koffer, -.** No plural is listed if it does not exist or is infrequently used. Only the masculine form of those nouns which can add the feminine ending **-in** is provided.

Verbs are listed in their infinitive form. In the case of strong and irregular verbs, the principal parts are also included. Changes in the present tense third person singular form of certain verbs are indicated in parentheses: **geben (gibt), gab, gegeben.** Verbs which require the auxiliary **sein** are entered as follows: **gehen, ging, ist gegangen.**

Adjectives which change in the comparative and superlative forms are also given: **alt, älter, ältest.**

The following abbreviations are used:

acc.	accusative	*med.*	medical
adj.	adjective	*n.*	noun
adv.	adverb	*part.*	participle
astr.	astrological	*pl.*	plural
comp.	comparative	*prep.*	preposition
conj.	conjunction	*prn.*	pronoun
dat.	dative	*s.*	sich
fam.	familiar	*sg.*	singular
fig.	figuratively	*subj.*	subjunctive
interj.	interjection		

Wörterverzeichnis

ab *adv.* off, down, away, from; **ab und zu** now and then

abblitzen: jemanden abblitzen lassen to snub someone, to rebuff

der Abend, -e evening

das Abendbrot, -e; das Abendessen, - supper

abends *adv.* evenings, in the evening

der Abendsonnenschein evening sun

das Abenteuer, - adventure

aber *conj.* but, however

abfahren (fährt ab), fuhr ab, ist abgefahren to leave, to depart

abgegrenzt *adj.* marked off, separated

abgeschnitten *adj.* cut off, cut up

abhängig *adj.* dependent

das Abitur, -e final examination in a type of German high school (das **Gymnasium**)

die Abkürzung, -en abbreviation

ableiten to turn off, to draw off, to derive from

abnehmen (nimmt ab), nahm ab, abgenommen to take off

der Abschied, -e farewell

die Abschlußprüfung, -en final examination

abspülen to wash off, to rinse

abstellen *here:* to park

die Abtreibungsklinik, -en abortion clinic

abtrocknen to dry off

abwaschen (wäscht ab), wusch ab, abgewaschen to wash up

abwesend *adj.* absent

ach! *interj.* oh! alas!

die Adresse, -n address

Ägypten Egypt

der Ägypter, - person from Egypt

ähnlich *adj.* like, similar

der Akzent, -e accent

akzeptieren to accept

der Alkohol alcohol

der Alkoholgehalt alcohol content

der Alkoholiker, - alcoholic

all, -e, -er, -es *adj.* all, everything **alle sieben Minuten** every seven minutes

allein *adj. and adv.* alone

allerdings *adv* surely, indeed

allgemein *adj.* universal, general; **im allgemeinen** in general

als *conj.* than, when, as

alt *adj.* old; (**älter, ältest**)

das Alter, - age

altmodisch *adj.* old-fashioned

am (= an dem) on, at: **am ersten November** on the first of November

an *prep.* at, on, in, to, against, near, about

die Ananas pineapple

anbieten, bot an, angeboten to offer

der Anblick -e sight, view

ander *adj.* other, different

s. ändern to alter, to change

anders *adv.* otherwise, differently

anderswo *adv.* elsewhere

der Anfang, ̈e beginning, origin

anfangen (fängt an), fing an, angefangen to begin, to start

anfordern to demand

die Angabe, -n declaration, instruction

das Angebot, -e offer

angeln to fish for

angenehm *adj.* pleasant, agreeable

der Angestellte, -n the employee

angezogen *part. of* **anziehen** dressed

die Angst, ̈e fear, anxiety; **vor etwas** *(dat.)* **Angst haben** to be afraid of something

der Anhalter, - hitchhiker; **per Anhalter fahren** to hitchhike

anhören to listen to; **s. etwas anhören** to listen to something

animieren to stimulate, to encourage

ankommen, kam an, ist angekommen to arrive, to come, to get to

der Anlaß, ̈sse occasion, cause, motive

der Anruf, -e call

der Ansager, - announcer (radio, TV)

anschreien, schrie an, angeschrien to scream at

ansehen (sieht an), sah an, angesehen to look at

ansprechen (spricht an), sprach an, angesprochen to address, to speak to

anständig *adj.* decent, proper, respectable

anstatt *prep., conj.* instead of

anstoßen (stößt an), stieß an, angestoßen to knock, to push on; **beim Trinken anstoßen** to touch glasses (usually to propose a toast)

der Anteil, -e portion

die Antike antiquity

die Antwort, -en answer

antworten to answer, to reply; **auf eine Frage antworten** to answer a question

die Anzahl number, quantity

die Anzeige, -n advertisement

anziehen, zog an, angezogen to dress

der Apfel, ̈ apple

der Apfelwein apple wine

die Apotheke, -n pharmacy

der **Apotheker,** - pharmacist
der **Appetit** appetite
die **Arbeit, -en** work
arbeiten to work
der **Arbeiter,** - worker
arbeitslos *adj.* unemployed
die **Arbeitslosigkeit** unemployment
der **Ärger** annoyance, anger
ärgerlich *adj.* annoying, provoking
s. ärgern über to be angry at
das **Ärgernis, -se** annoyance, irritation
arm *adj.* poor
die **Armut** poverty
die **Art, -en** manner, way
der **Arzt,** *pl.* **die Ärzte** doctor
der **Asylant, -en** refugee
der **Asylbewerber,** - asylum seeker
die **Atmosphäre** atmosphere
das **Atomkraftwerk, -e** atomic power plant
auch *conj., adv.* also, too
auf *prep.* at, in, on, to
das **Aufbaugymnasium** a special school which enables the graduates from one of the other schools to continue their formal education
aufbinden, band auf, aufgebunden to untie; **jemandem etwas aufbinden** to dupe someone
der **Aufenthaltsraum, ̈e** waiting lounge
auffordern to call upon, challenge, invite
die **Aufgabe, -n** assignment
aufheiternd *part.* cheering up
aufhören to stop, to quit
aufpassen to pay attention
aufräumen to clean up, to straighten up
der **Aufschnitt** cold cuts
aufstehen, stand auf, ist aufgestanden to get up
das **Auge, -n** eye
die **Augenfarbe, -n** eye color
aus *prep.* out of, from
ausbreiten to spread out, to extend
ausdrücken to express
die **Ausgabe, -n** expense, expenditure
ausgeben (gibt aus), gab aus, ausgegeben to spend
ausgefranst *adj.* frayed
ausgehen, ging aus, ist ausgegangen to go out
ausgezeichnet *adj.* excellent
die **Auskunft, ̈e** information
das **Ausland** abroad, foreign country
der **Ausländer,** - foreigner
ausländisch *adj.* foreign
die **Auslese, -n** choice; **von Wein** superior wine
ausnutzen to take advantage of
ausprobieren to try
aussehen (sieht aus), sah aus, ausgesehen to look appear
außer *prep.* except for, besides
außerdem *adv.* besides, in addition

außergewöhnlich *adj.* unusual
außerhalb *prep.* outside of
aussteigen, stieg aus, ist ausgestiegen to get out, to step out
aussuchen to find, to search for and select
die **Auswahl** selection
auswending *adj.* from memory, by heart
ausziehen, zog aus, ausgezogen to take off, to undress, to move out
die **Autobahn, -en** express highway
das **Autofahren** driving of a car
der **Autofahrer,** - driver
die **Autofahrt, -en** drive
der **Autor, -en** author
autoritär *adj.* authoritarian
der **Autoverkäufer,** - car salesman
die **Autowerkstatt, ̈e** car repair shop

backen (bäckt), backte, gebacken to bake
der **Bäcker,** - baker
die **Bäckerei. -en** bakery
das **Bad, ̈er** bath, spa
baden to bathe
das **Badezimmer,** - bathroom
die **Bahn, -en** track, path, train
der **Bahnhof, ̈e** railroad station
der **Bahnübergang, ̈e** railroad crossing
bald *adv.* soon
die **Bank, ̈e** bench
die **Bank, -en** bank
der **Bankangestellte, -n** bank employee
der **Bär, -en** bear
die **Baßgeige, -n** bass violin
bauen to build
die **Baustelle, -n** construction site
der **Bauunternehmer,** - contractor
das **Bauwerk, -e** building
das **Bayern** Bavaria
bayrisch *adj.* Bavarian
der **Beamte, -n** official, civil service employee
beantworten to answer
der **Becher,** - cup
bedeuten to mean
s. beeilen to hurry
beenden to end
die **Beerdigung, -en** funeral
das **Beerdigungsinstitut, -e** funeral home
die **Beere, -n** berry
s. befinden, befand, befunden to be, to be located
s. befreunden (mit jemandem) to become friends
der **Beginn, -e** beginning; **zu Beginn** at the beginning
beginnen, begann, begonnen to begin
die **Begleitung, -en** company, accompaniment
begrenzen to bound, to border, to confine, to limit
der **Begriff, -e** concept, idea

die **Begrüßung, -en** greeting
die **Begrüßungsform, -en** form of greeting
behalten (behält), behielt, behalten to keep, to retain
die **Behörde, -n** administration
bei *prep.* at, with, near
beide *adj.* both
der **Beifall** applause
das **Bein, -e** leg
das **Beispiel, -e** example; **zum Beispiel** for example
beißen, biß, gebissen to bite
bekämpfen to combat, to fight
bekannt *adj.* known, well-known
der **Bekannte, -n** acquaintance
bekommen, bekam, bekommen to receive, to get
beliebt *adj.* favorite, beloved
bemerken to notice, to remark
die **Bemerkung, -en** observation, remark
das **Benehmen** behavior, conduct
s. benehmen (benimmt), benahm, benommen to behave
benutzen to use
das **Benzin** gasoline
die **Beobachtung, -en** observation
bequem *adj.* comfortable
beraten (berät), beriet, beraten to advise, to counsel
die **Beratung, -en** counsel, guidance
die **Beratungsstelle, -n** counseling center, guidance center
der **Berg, -e** mountain
bergig *adj.* mountainous
berichten to report
der **Beruf, -e** occupation
die **Berufsschule, -n** vocational school, trade school
berufstätig *adj.* employed
berühmt *adj.* famous
berühren to touch
s. besaufen (besäuft), besoff, besoffen *(vulgar)* to get drunk
beschäftigt *adj.* employed; busy
die **Bescheinigung, -en** certificate
beschreiben, beschrieb, beschrieben to describe
die **Beschreibung, -en** description
s. beschweren to complain
besetzt *adj.* occupied
besitzen, besaß, besessen to possess
besonder *adj.* special
besonders *adv.* especially
besser *adj., adv.* better
die **Besserung, -en** improvement; **gute Besserung!** get well soon!
bestehen, bestand, bestanden to be, to exist; **aus etwas bestehen** to consist of something

bestellen to order
bestimmen to determine
bestimmt *adj.* certain; *adv.* certainly
der **Besuch, -e** visit
besuchen to visit
die **Besuchszeit** visiting hours
beten to pray
betonen to accent, to stress
betrachten to look at
der **Betreffende, -n** the person under consideration
der **Betrieb, -e** works, plant, business
betrieblich *adj.* having to do with business
der **Betriebsrat, ⁻e** workers' council
betrunken *adj.* drunk, intoxicated
beurteilen to judge
die **Bevölkerung, -en** population
bevor *conj.* before
bewässern to water
die **Bewerbung, -en** application
s. bewerfen to throw at each other
bewundern to admire
die **Bewunderung, -en** admiration
bezahlen to pay
s. beziehen (auf etwas) to refer to
die **Beziehung, -en** relation, relationship
der **Bibelübersetzer, -** Bible translator
die **Bibliothek, -en** library
das **Bier, -e** beer
bieten, bot, geboten to offer
das **Bild, -er** picture
bilden to form, to fashion
der **Bildhauer, -** sculptor
der **Bildungskurs, -e** education course
billig *adj.* cheap
bis *prep.* to, until
bisher *adv.* up to now
bißchen: ein bißchen a little bit
bitte please
bitten, bat, gebeten (um) to ask for something
blau *adj.* blue
der **Blechpirat, -e** tin pirate
bleiben, blieb, ist geblieben to remain, to stay
der **Bleistift, -e** pencil
blitzen to sparkle
die **Blume, -n** flower
der **Blumenstrauß, ⁻e** bouquet of flowers
die **Bluse, -n** blouse
der **Bodenschatz, ⁻e** treasure of the soil (mineral resource)
der **Bodensee** Lake Constance
die **Bohne, -n** bean
das **Boot, -e** boat
borgen to borrow, to loan out
böse *adj.* angry, evil
braten (brät), briet, gebraten to roast
brauchen to need
der **Brauer, -** brewer

braun *adj.* brown
brav *adj.* good, well-behaved
brechen (bricht), brach, gebrochen to break
breit *adj.* wide
die **Bremse, -n** brake
bremsen to brake
der **Brennpunkt, -e** focal point
der **Brief, -e** letter
bringen, brachte, gebracht to bring
das **Brot, e** bread
das **Brötchen, -** roll
die **Brücke, -n** bridge
der **Bruder, -** brother
das **Buch, -er** book
die **Buchhandlung, -en** book store
der **Bummel** stroll
die **Bundesbahn** federal railway
das **Bundesland, -er** federal state
der **Bundestag** federal congress
die **Bundeswehr** federal army
bunt *adj.* multicolored
die **Burg, -en** castle, stronghold, fort
der **Bürgermeister, -** mayor
der **Bursche, -n** guy, fellow, lad
der **Bus, -se** bus
der **Busen, -** bosom
der **Büstenhalter, -** brassière

der **Chef, -s** boss
die **Chemie** chemistry
der **Chinese, -n** a Chinese person
chinesisch *adj.* Chinese
der **Computer Techniker, -** computer technician

da *adv.* there, then, here
da *conj.* since, because, that
dabei *adv.* at the same time, thereby, along
das **Dach, -er** roof
dadurch *adv.* thus, in that manner
dafür *adv.* for that
damals *adv.* at that time
die **Dame, -n** lady, woman
das **Damenfriseurgeschäft, -e** beauty salon
damit *adv.* so that, by that, with that
der **Dämon, -en** demon
danach *adv.* afterwards
daneben *adv.* beside that, near it
danken to thank
dann *adv.* then
darauf *adv.* thereupon, upon that, for that
darin *adv.* in that
darüber *adv.* about that
darunter *adv.* underneath, among them
dauern to last
der **Daumen, -** thumb
davon *adv.* of it, thereby, from it
dazu *adv.* to it, for it, besides, in addition
die **Decke, -n** cover

decken to cover, to set
denken, dachte, gedacht to think
denken an (+ *acc.*) to think of
denn *adv.* then; *conj.* for, because
derselbe, dieselbe, dasselbe *prn.* the same
deshalb *adv.* therefore
der **Deutsche, -n** German person
deutschsprachig *adj.* German-speaking
der **Dichter, -** poet
dick *adj.* fat, thick
dickköpfig *adj.* thickheaded, stubborn
der **Diebstahl, -e** theft
der **Dienst, -e** service
dies, -e, -er, -es *prn.* this; *pl.* these
diesmal *adv.* this time
die **Differenzierung, -en** differentiation
das **Ding, -e** thing
der **Dirigent, -en** leader, conductor
doch *adv., conj.* still, after all, indeed
der **Dom, -e** cathedral
der **Dombau** construction of a cathedral
der **Domschatz, -e** cathedral treasure
die **Donau** Danube river
das **Dorf, -er** village
dort *adv.* there
dorthin *adv.* to there
die **Dose, -n** can
der **Drache, -n** dragon; kite
das **Drachenfliegen** hang-gliding
die **Droge, -n** drug
die **Drogerie, -n** drugstore
drüben *adv.* over there
drücken to press
drücken auf etwas *(acc.)* to press on something
die **Druckerpresse, -n** printing press
der **Dschungel, -** jungle
dumm *adj.* stupid, silly, dumb
die **Dummheit, -en** silly action, nonsense
dunkel *adj.* dark
dunkeln to grow dark
durch *prep.* through, by
der **Durchschnitt, -e** average
dürfen (darf), durfte, gedurft to be allowed, permitted
die **Dusche, -n** shower
s. duschen to take a shower
das **Dutzend, -e** dozen

eben *adv.* just
echt *adj.* real, authentic
die **Ecke, -n** corner
egal *adj.* equal, alike; **das ist mir ganz egal** it makes no difference to me
ehe *conj.* before
die **Ehe, -n** marriage
die **Ehefrau, -en** wife
das **Ehepaar, -e** married couple
die **Ehevermittlung, -en** marriage intermediary

ehrlich *adj.* honest
das Ei, -er egg
die Eifersucht jealousy
eigen *adj.* own
die Eigenschaft, -en quality, character
eigentlich *adj.*, real; *adv.* really
der Eindruck, ⸚e impression
einfach *adj.* simple; *adv.* simply
die Einfahrt, -en entrance (vehicular); **Einfahrt verboten** no entrance
der Eingang, ⸚e entrance
eingeengt *adj.* confined, hemmed in
eingepackt *adj.* wrapped up
einige *pl. prn.* some
einkaufen to shop, to purchase
das Einkaufszentrum, -zentren shopping center
das Einkommen,- income
die Einladung, -en invitation
einmal *adv.* once, one time
die Einnahme, -n income, revenue
einnehmen (nimmt ein), nahm ein, eingenommen to take in, receive
einschlafen (schläft ein), schlief ein, ist eingeschlafen to fall asleep
einschränken to limit
einst *adv.* once
einstellen to turn on
die Einstellung, -en attitude
eintreten (tritt ein), trat ein, ist eingetreten to enter, to join
der Einwohner, - inhabitant
der Einzelfall, ⸚e individual case
das Einzelzimmer, - single room
das Eis ice, ice cream
die Eisenbahn, -en railroad
die Eisenwarenhandlung, -en hardware store
der Eislaufplatz, ⸚e skating rink
die Elektrizität electricity
die Eltern *pl.* parents
empfehlen (empfiehlt), empfahl, empfohlen to recommend
die Empfehlung, -en recommendation
endgültig *adj.* final
endlich *adv.* finally
die Energiequelle, -n energy source
eng *adj.* narrow, small
der Engel, - angel
entdecken to discover
die Entdeckungsreise, -n discovery trip, expedition
entfernt *adj.* distant, away
die Entfernung, -en distance
entscheiden, entschied, entschieden to decide
entschuldigen to excuse
enttäuscht *adj.* disappointed
entweder *conj.:* **entweder . . . oder** either . . . or
die Erbse, -n pea
die Erdbeere, -n strawberry

die Erde earth
die Erdkunde geography
die Erdnußbutter peanut butter
das Erdöl petroleum
das Ereignis, -se occurrence, event
die Erfahrung, -en experience
der Erfinder, - inventor
der Erfolg, -e success
erfolgreich *adj.* successful
die Erfrischung, -en refreshment
das Erfrischungsgetränk, -e refreshment drink
das Ergebnis, -se result
ergreifen, ergriff, ergriffen seize
s. erholen to recover
erklären to explain
erlauben to permit, allow
erleben to experience
das Erlebnis, -se experience
ernst *adj.* serious
die Ernte, -n harvest
erreichen to reach
die Errichtung, -en construction, erection
erscheinen, erschien, ist erschienen to appear
ersetzen to replace
erst *adv.* only, not until
erstaunlich *adj.* surprising
erstaunt *adj.* surprised
der Erwachsene, -n *(declined like an adj.)* adult
erwarten to expect
erwischen to catch
erzählen to tell
essen (ißt), aß, gegessen to eat
das Eßzimmer, - dining room
etwa *adv.* about, approximately
etwas *prn.* something
europäisch *adj.* European
ewig *adv.* forever
exzentrisch *adj.* eccentric

die Fabrik, -en factory
das Fach, ⸚er subject
die Fachschule, -n technical or professional school
die Fahne, -n flag
fahren (fährt), fuhr, ist gefahren to drive, to go
der Fahrer, - driver
der Fahrplan, ⸚e schedule
das Fahrrad, ⸚er bicycle
der Fahrstuhl, ⸚e elevator
die Fahrt, -en trip
das Fahrzeug, -e vehicle
der Fall, ⸚e case
fallen (fällt), fiel, ist gefallen to fall
der Fallschirm, -e parachute
falsch *adj.* false
die Familie, -n family
die Farbe, -n color
das Faß, ⸚sser barrel

s. **fassen** to compose oneself
fast *adv.* almost, nearly
faul *adj.* lazy
faulenzen to loaf
fehlen to be lacking
der **Fehler, -** mistake
feiern to celebrate
der **Feiertag, -e** holiday
fein *adj.* fine, delicate
feindlich *adj.* hostile
der **Feinschmecker, -** gourmet
die **Feldflasche, -n** canteen
der **Felsen, -** cliff
das **Fenster, -** window
die **Ferien** *pl.* vacation
die **Ferienreise, -n** vacation trip
fern *adj.* distant
fernsehen (sieht fern), sah fern, ferngesehen to watch television
das **Fernsehen** television
die **Fernsehsendung, -en** telecast
der **Fernsehturm, -̈e** television tower
fest *adj.* firm, staunch
das **Fest, -e** festival, celebration
festlich *adj.* festive
die **Festung, -en** fortress
der **Festzug, -̈e** parade
der **Feuerwehrmann, -̈er** fireman
das **Feuerwerk, -e** fireworks
das **Fieber** fever
finden, fand, gefunden to find
der **Fingernagel, -̈** finger nail
die **Firma,** *pl.* **Firmen** firm, business
der **Fisch, -e** fish
flach *adj.* flat
die **Fläche, -n** area
die **Flagge, -n** flag
die **Flasche, -n** bottle
das **Fleisch** meat
der **Fleischer, -** butcher
fleißig *adj.* diligent, hard-working
fliegen, flog, ist geflogen to fly
der **Flieger, -** pilot
fließen, floß, geflossen to flow
fluchen to curse
flüchten to take refuge, to flee
der **Flügel, -** wing
der **Flughafen, -̈** airport
das **Flugzeug, -e** airplane
der **Fluß, -̈sse** river
die **Folge, -n** consequence
folgend *adj.* following
die **Formel, -n** formula
der **Forscher, -** researcher
der **Fortschritt, -e** progress
fragen to ask
die **Frau, -en** woman
frei *adj.* free

die **Freiheitsstatue** statute of Liberty
die **Freizeitbeschäftigung, -en** leisure time activity
fremd *adj.* strange
der **Fremde, -n** stranger
die **Fremdsprache, -n** foreign language
fressen (frißt), fraß, gefressen to devour
die **Freude, -n** joy
s. **freuen** to be happy
der **Freund, -e** friend
freundlich *adj.* friendly
der **Frieden** peace
frisch *adj.* fresh
das **Friseurgeschäft, -e** barber shop
froh *adj.* happy
fröhlich *adj.* happy, merry
fromm *adj.* pious
die **Frucht, -̈e** fruit
fruchtbar *adj.* fruitful
der **Fruchtsaft, -̈e** fruit juice
früh *adj.* early
früher *adv.* before
das **Frühstück, -e** breakfast
s. **fühlen** to feel
der **Führer, -** leader
der **Führerschein, -e** driver's license
fünft *adj.* fifth
funkeln to glitter
für *prep.* for
furchtbar *adj.* terrible
fürchten to fear
der **Fuß, -̈e** foot
der **Fußball** soccer
die **Fußgängerzone, -n** pedestrian zone

die **Gangschaltung, -en** gear shift
ganz *adj.* whole complete; *adv.* entirely
gar; gar nicht not at all
der **Garten, -̈** garden
der **Gast, -̈e** guest
der **Gastarbeiter, -** (guest) worker
der **Gastgeber, -** host
das **Gastland, -̈er** host country
die **Gaststube, -n** tavern, café
das **Gaudi** jovial, great time
das **Gebäck** pastry
das **Gebäude, -** building
geben (gibt), gab, gegeben to give
das **Gebiet, -e** region
gebildet *adj.* educated
geboren *adj., part.* born **ich bin geboren** I was born
gebrauchen to use
gebrochen *adj.* broken, ruined
die **Gebühr, -en** fee
der **Geburtstag, -e** birthday
die **Geburtstagsfeier, -** birthday party
das **Gedächtnis** memory

das **Gedeck, -e** table setting
das **Gedicht, -e** poem
die **Geduld** patience
geduldig *adj.* patient
die **Gefahr, -en** danger
gefährdet *adj.* endangered
gefährlich *adj.* dangerous
gefallen (gefällt), gefiel, gefallen to please; **es gefällt mir** I like it
das **Gefängnis, -se** prison
die **Gefängnisstrafe, -n** prison sentence
das **Geflügel** poultry
das **Gefühl, -e** feeling
gefühlvoll *adj.* sentimental
gegen *prep.* against, for, towards
die **Gegend, -en** region, area
der **Gegensatz, ⸚e** contrast
gegenüber *prep.* across or opposite from
gehen, ging, ist gegangen to go
gehorchen to obey
gehören to belong
die **Geige, -n** violin, fiddle
die **Geisterbahn, -en** spook ride
geistig *adj.* intellectual, mental
gekleidet *adj.* clothed
das **Geld** money
der **Geldbeutel, -** purse, wallet
die **Geldstrafe, -n** fine
die **Gelegenheit, -en** opportunity
gemeinsam *adj.* in common
gemischt *adj.* mixed
das **Gemüse, -** vegetable(s)
gemütlich *adj.* good-natured, genial
genau *adj.* exact; *adv.* exactly
genießen, genoß, genossen to enjoy
genug *adj.* enough, sufficient
geologisch *adj.* geological
geplant *adj.* planned
gerade *adv.* just, even
geradeaus *adv.* straight ahead
das **Gerät, -e** tool, apparatus
geräuchert *adj.* smoked
gern(e) *adj.* willingly, gladly
gesamt *adj.* entire
die **Gesamtschule, -n** comprehensive school
das **Gesäß, -e** backside, buttocks
das **Geschäft, -e** store, business
geschehen (geschieht), geschah, ist geschehen to happen
das **Geschenk, -e** present
die **Geschichte, -n** story, history; **Geschichten machen** to make a fuss
geschickt *adj.* clever, skillful
geschieden *adj.* divorced
das **Geschirr** dishes
das **Geschmeide** jewelry
die **Geschwindigkeit, -en** speed
die **Geschwister** *pl.* brothers and sisters

die **Gesellschaft** society
gesellschaftlich *adj.* social, sociable
das **Gesetz, -e** law
das **Gesicht, -er** face
das **Gespräch, -e** conversation
gestatten to permit, to allow
die **Geste, -n** gesture
gestern *adv.* yesterday
gesund *adj.* healthy
geteilt *adj.* divided, shared
das **Getränk, -e** drink
der **Getränkeverbrauch** consumption of drinks
gesucht *adj.* wanted
gewagt *adj.* risky
gewähren to grant, to concede
die **Gewerkschaft, -en** union
das **Gewicht, -e** weight
gewinnen, gewann, gewonnen to win, to acquire
gewiß *adv.* certainly
das **Gewitter, -** thunderstorm
gewöhnlich *adj., adv.* usual(ly)
das **Gewürz, -e** spice, seasoning
der **Gipfel,** peak, summit
das **Glas, ⸚er** glass
glauben to believe, to think
gleich *adj.* equal, same, similar; *adv.* at once
die **Gleichberechtigung, -en** equality of rights
das **Glockenspiel** chime(s)
das **Glück** luck
glücklich *adj.* happy
das **Glücksrad, ⸚er** wheel of fortune
der **Golfplatz, ⸚e** golf course
der **Gott, ⸚er** God
der **Grad** degree(s)
der **Grasboden, ⸚** lawn
gratulieren to congratulate
grau *adj.* gray
die **Grenze, -n** border
der **Grenzübergang, ⸚e** border crossing
der **Grieche, -n** a Greek person
das **Griechenland** Greece
griechisch *adj.* Greek
grob *adj.* coarse
groß *adj.* big, large, great **(größer, größt)**
die **Größe, -n** size
die **Großeltern** *pl.* grandparents
die **Großmutter, ⸚** grandmother
der **Großvater, ⸚** grandfather
grün *adj.* green
der **Grund, ⸚e** *fig.* reason, basis
die **Grundgebühr, -en** base charge
das **Grundgesetz, -e** basic law, constitution
das **Grundnahrungsmittel, -** basic nutrition
die **Grundschule, -n** primary school
die **Gruppe, -n** group
der **Gruß, ⸚e** greeting; **herzliche Grüße** best regards

grüßen to greet

die **Gurke, -n** cucumber; **saure Gurke** pickle

gut *adj.* good, well; **gute Besserung!** get well soon!; **gut aussehend** good-looking; **alles Gute!** all the luck, all good wishes

die **Güter** *pl.* goods, supplies

die **Gymnasialoberstufe, -n** grades 11–13 in the Gymnasium

das **Gymnasium,** *pl.* **Gymnasien** classical high school

die **Gymnastik** gymnastics

das **Haar, -e** hair

die **Haarfarbe, -n** hair color

haben (hat), hatte, gehabt to have

der **Hafen, ˙** harbor, port

der **Hahn, ˙e** rooster

der **Hai, -e** shark

halb *adj.* half

die **Hälfte, -en** half

der **Hals, ˙e** neck

halt! *interj.* stop!

halten to stop, to keep, to maintain

halten . . . für (von) to think, to regard as, to look upon as; **Was halten Sie davon?** What do you think about it?; **eine Rede halten** to deliver a speech

die **Haltestelle, -n** stop

das **Halteverbot, -e** no stopping

der **Hammel, -** mutton

die **Handbremse, -n** handbrake, emergency brake

handeln von *(dat.)* to be about

der **Händler, -** dealer, trader, shopkeeper

der **Handschuh, -e** glove

der **Haschisch** hashish

der **Hase, -n** rabbit

häßlich *adj.* ugly, homely

hätte *subj. of* **haben** had

der **Hauptbahnhof, ˙e** main train station

der **Hauptgang, ˙e** main course

die **Hauptgeschäftsstraße, -n** main/central shopping street

hauptsächlich *adv.* mainly

der **Hauptschulabschluß** graduation from second-level primary school

die **Hauptschule, -n** second-level primary school

die **Hauptstadt, ˙e** capital, metropolis

der **Hauptverkehr** rush hour

das **Haus, ˙er** house; **zu Hause** at home

die **Hausarbeit, -en** house work, chores

der **Hausarrest, -e** confinement at someone's home, house arrest

die **Hausaufgabe, -n** homework

der **Hausbesitzer, -** home owner

die **Hausfrau, -en** housewife

der **Haushalt, ˙e** household

die **Haushälterin, -nen** housekeeper

die **Haut** skin

heftig *adj.* strong, intense

die **Heide, -n** heath

das **Heidenröslein, -** little wild rose

heilig *adj.* sacred

der **Heiligabend** Christmas Eve

das **Heim, -e** home

die **Heimat** homeland

das **Heimweh** home sickness

heiraten to marry, to wed, to get married

die **Heiratsanzeige, -n** advertisement seeking a marriage partner

das **Heiratsinstitut, -e** die **Heiratsvermittlung, -en** marriage agency

heiß *adj.* hot

heißblütig *adj.* warm-blooded; *fig.* hot-tempered, passionate

heißen to be called; **das heißt . . .** to mean

heizen to heat

helfen (hilft), half, geholfen to help

hell *adj.* light, bright, fair

hellblau *adj.* light blue

das **Hemd, -en** shirt

heraus *adv.* out

herauskommen, kam heraus, ist herausgekommen to come out, to be published

die **Herkunft** descent, origin

der **Herr, -en** gentleman; **Herr Schmidt** Mr. Schmidt

heruntergekommen *adj.* run-down, decayed, worn away

das **Herz, -en** heart

die **Herzkönigin, -nen** queen of hearts

die **Herzkrankheit, -en** heart disease

Herzliche Glückwünsche zum Geburtstag! Happy Birthday!

heute *adv.* today

heutzutage *adv.* nowadays

die **Hexe, -n** witch

hier *adv.* here

die **Hilfe, -n** help, aid

hilfsbereit *adj.* eager to help

der **Himmel** sky

hinaus *adv.* out, beyond

hinein *adv.* in, into

hinter *prep.* behind, in back of

hoch *adj.* high **(höher, höchst)**

hochmodern *adj.* up-to-date, modern

die **Hochschule, -n** college

höchstens *adv.* at (the) most

die **Höchstgeschwindigkeit, -en** maximum speed

die **Hochzeit, -en** marriage, wedding

der **Hochzeitstag, -e** wedding day, wedding anniversary

höflich *adj.* polite

die **Höflichkeit, -en** politeness, courtesy

die **Höhe, -n** height; **in die Höhe** up, upwards

der **Höhepunkt, -e** climax
holländisch *adj.* Dutch
das **Holz, -̈er** wood, lumber
der **Honig** honey
hören to hear, to listen
der **Hörsaal, -säle** lecture hall
die **Hose, -n** pants
die **Hüfte, -n** hip
der **Hügel, -** hill
hügelig *adj.* hilly
die **Hulatänzerin, -nen** female hula dancer
der **Humor** sense of humor
der **Hund, -e** dog
die **Hupe, -n** horn
das **Hustenbonbon, -s** cough drop
der **Hut, -̈e** hat

die **Idee, -n** notion, concept, idea
die **Illustrierte, -n** magazine
im (= **in dem**) in the
der **Imbißraum, -̈e** lunch room
immer *adv.* always
der **Imperialismus** imperialism
die **Importfirma, -firmen** importing firm
in *prep.* in, at, into
der **Inder, -** a person from India
der **Indianer, -** (Red) Indian
das **Indien** (East) India
der **Industriekaufmann, -̈er** industrial business man
ineinander *adv.* into one another
der **Ingenieur, -e** engineer
das **Innere** interior
innerhalb *adv., prep.* within
ins (= **in das**) into that, into it
die **Insel, -n** island
insgesamt *adv.* altogether
die **Intelligenz** intelligence
das **Interesse, -n** interest
s. interessieren to take an interest; **(für/in)** to be interested (in)
der **Ire, -n** Irishman
irgendein, -e, -er, -es *prn.* someone, somebody, anyone
der **Italiener, -** citizen of Italy

jagen to hunt
das **Jahr, -e** year
die **Jahreszeit, -en** season
das **Jahrhundert, -e** century
jährig *adj.* year-old
jährlich *adj.* yearly, annual
jawohl *adv.* yes, indeed
der **Jazz** jazz
je *adv.* each, apiece; ever
jede, -er, -es *prn.* each, every, each one, every one, everbody
jedoch *adv.* however

jemand *prn.* someone
jetzig *adj.* present
jetzt *adv.* now, at present
jodeln to yodel
der **Jubel** jubilation
das **Jubiläum, pl. Jubiläen** anniversary
jubilieren to rejoice
die **Jugend** youth
das **Jugendamt** youth office or department
die **Jugendherberge, -n** youth hostel
der **Jugendliche, -n** adolescent
der **Jugendvertreter, -** youth representative
der **Jugoslawe, -n** person from Yugoslavia
das **Jugoslawien** Yugoslavia
jung *adj.* young **(jünger, jüngst)**
der **Junge, -n** boy
die **Jungfrau, -en** *astr.* virgin, Virgo

das **Kabarett** cabaret
der **Kaffee** coffee
der **Kahn, -̈e** boat
die **Kaiserstadt, -̈e** imperial city
der **Kakao** cocoa
das **Kalb, -̈er** calf, veal
das **Kalbfleisch** veal
der **Kalbsbraten, -** veal roast
die **Kalbsleberwurst, -̈e** calf liver sausage
die **Kalbswurst, -̈e** veal sausage
kalt, *adj.* cold **(kälter, kältest)**
kämmen to comb
der **Kampf, -̈e** battle
kampieren to camp
das **Kännchen, -** small pitcher
der **Kanzler, -** chancellor
die **Kapelle, -n** band
die **Karikatur, -en** caricature, cartoon
die **Karte, -n** post card, playing card
die **Kartoffel, -n** potato
das **Karussell, -s** merry-go-round
der **Käse, -** cheese
der **Kasten, -̈** box, case
der **Kater, -** male cat
der **Kauf, -̈e** purchase; **in Kauf nehmen** to put up with
kaufen to buy
das **Kaufhaus, -̈er** department store
der **Kaufmann, -̈er** merchant
kaum *adv.* hardly, scarcely, barely
die **Kegelbahn, -en** bowling alley
kegeln to bowl
kein *adj.* no, not any; **-e, -er, -es** *prn.* no one, none, nobody
der **Kellner, -** waiter
kennen, kannte, gekannt to know, to be acquainted with
kennenlernen to meet, to get to know
die **Keramik** ceramics
der **Kerl, -e** fellow, chap, guy

das **Kind, -er** child
das **Kindererziehen** raising of children
kinderlieb adj. fond of children
die **Kinderzahl** number of children
das **Kino, -s** cinema
die **Kirche, -n** church
die **Kiste, -n** case
klar adj. clear, bright
die **Klasse, -n** class
der **Klassenkamerad, -en** classmate
der **Klassenraum, ⁼e** classroom
der **Klassensprecher, -** class president
das **Klavier, -e** piano
die **Kleidung** clothes
klein adj. little, small
die **Klimaanlage, -n** air conditioning
klingeln to ring (the doorbell)
der **Kloß ⁼e** dumpling
klug adj. clever, intelligent
der **Knabe, -n** boy
die **Kneipe, -n** tavern
kochen to cook
der **Koffer, -** suitcase
der **Kofferraum, ⁼e** trunk (car)
kohlensäurehaltig adj. carbonated
der **Kollege, -n** colleague
kölnisch Wasser eau de Cologne, toilet water
komisch adj. strange, funny
kommen, kam, ist gekommen to come (to)
kommend, adj. coming
kompliziert adj. complicated
der **Komponist, -en** composer
die **Konditorei, -en** pastry shop
die **Konferenz, -en** conference
die **Konkurrenz, -en** competition
können (kann), konnte, gekonnt to be able to,
  can; **könnte** subj. of **können** could
die **Konserve, -n** canned goods
der **Konsum** consumption
kontaktfreudig adj. gregarious
konzentrieren to concentrate
der **Kopf, ⁼e** head
der **Kopfsalat, -e** head lettuce
die **Kopfschmerzen** pl. headache
das **Kopiergerät, -e** copy machine
der **Korb, ⁼e** basket
der **Körper, -** body
körperlich adj. physical
der **Kosename, -n** pet name
die **Kosten** pl. price, cost, expenses
kostenlos adj. free, without cost
kostümieren to disguise
der **Kotflügel, -** fender (car)
die **Kraft, ⁼e** strength
die **Kraftäußerung, -en** outburst of energy
der **Kraftstoff, -e** liquid fuel
krank adj. sick, ill
das **Krankenhaus, ⁼er** hospital

die **Krankenkasse, -n** medical insurance
der **Krankenpfleger, -** male nurse
der **Krankenurlaub, -e** sick leave
die **Krankheit, -en** illness, disease
der **Krebs, -e** med. cancer; astr. Cancer
kreisen, ist gekreist to circle
der **Kreislauf** circulation
die **Kreislaufskrankheit, -en** circulatory ailment
das **Kreuz, -e** cross
kreuzen to cross
die **Kreuzung, -en** intersection
das **Kreuzworträtsel, -** crossword puzzle
der **Krieg, -e** war
der **Krimiheld, -en** hero of detective story
die **Kriminalabteilung, -en** criminal investigation
  department
die **Kriminalität** criminality
die **Krise, -n** crisis
das **Kristall** crystal
die **Krone, -n** crown
die **Küche, -n** kitchen
der **Kuchen, -** cake
das **Küchengerät, -e** kitchen appliance utensil
die **Kuckucksuhr, -en** cuckoo clock
die **Kühlbox** cooler
s. kümmern um to care for
der **Kunde, -n** customer, client
die **Kunst** art
der **Künstler, -** artist
das **Kupfer** copper
die **Kupplung, -en** clutch (car)
das **Kupplungspedal, -e** clutch pedal
der **Kurort, -e** health resort, spa
der **Kurs, -e** course
die **Kurtaxe, -n** entertainment tax
die **Kurve, -n** curve
kurz adj. short **(kürzer, kürzest);** vor kurzem recently
der **Kuß, ⁼sse** kiss
das **Küßchen, -** little kiss

das **Laboratorium** laboratory
lachen to laugh
der **Laden, ⁼** store
die **Lage, -n** situation, location
das **Lamm, ⁼er** lamb
das **Land, ⁼er** country
die **Landkarte, -n** map
die **Landschaft, -en** landscape, scenery
landschaftlich adj. rural, scenic
die **Landsleute** pl. countrymen, compatriots
die **Landstraße, -n** highway
der **Landwirt, -e** farmer
die **Landwirtschaft, -en** agriculture, farming
lang adj. long **(länger, längst)**
langhalsig adj. long-necked
langsam adj. slow
s. langweilen to feel or be bored

langweilig *adj.* boring, dull
der **Lärm** noise
lassen (läßt), ließ, gelassen to let, to allow
der **Lastwagen, -** truck
die **Lateinprüfung, -en** Latin test
laufen (läuft), lief, ist gelaufen to run, to walk,
   to flow
laufend *adj.* continuously
die **Laune, -n** mood
laut *adj.* loud
das **Leben** life, existence
leben to live
lebendig *adj.* lively
das **Lebensmittelgeschäft, -e** grocery store
der **Lebensstil, -e** lifestyle
die **Leberwurst, ⁻e** liverwurst
der **Lebkuchen, -** ginger bread
ledig *adj.* single, unmarried
leer *adj.* empty
legen to put, to lay; **Wert legen auf** *(acc.)* to put
   much value on something **s. legen** to lie down
die **Lehre, -n** apprenticeship
lehren to teach
der **Lehrer, -** teacher
der **Lehrling, -e** apprentice
leicht *adj.* easy
die **Leichtathletik** track and field sports
leichtsinnig *adj.* careless
das **Leid, -en** pain, suffering
leiden to suffer; **nicht leiden können** can't stand
leidenschaftlich *adj.* passionate
der **Leistungskurs, -e** major area of study
das **Lenkrad, ⁻er** steering wheel
lernen to learn
lesen (liest), las, gelesen to read
letzt *adj.* last, latest
die **Leute** *pl.* people
das **Licht, -er** light
lieb *adj.* dear
die **Liebe, -n** love
lieben to love
lieber *comp. adj.* rather; **. . . am liebsten** to like
   something best
das **Liebesgedicht, -e** love poem
das **Lieblingsgetränk, -e** favorite drink
das **Lied, -er** song
liefern to deliver
liegen, lag, gelegen to be located, situated
das **Lineal, -e** ruler
der **Lippenstift, -e** lipstick
das **Loch, ⁻er** hole
die **Locke, -n** curl
der **Lockenwickel, -** curler
logisch *adj.* logical
der **Lohn, ⁻e** wages
lohnen to reward; **es lohnt sich (nicht)** it is (not)
   worthwhile
löschen to extinguish, to quench

lösen to solve
die **Lösung, -en** solution
der **Lottoschein, -e** lottery slip
der **Löwe, -n** lion
die **Luft, ⁻e** air
die **Luftverschmutzung** air pollution
lügen, log, gelogen to lie, fib
die **Lust** desire
lustig *adj.* jolly, cheerful
der **Luxus** luxury

machen to make, to do
mächtig *adj.* powerful; *here:* extremely
machtlos *adj.* powerless
die **Machtpolitik** power politics
das **Mädchen, -** girl
der **Mädchenname, -n** maiden name
die **Mahlzeit, -en** meal
der **Mais** corn
mal *adv.* just, once; **sechsmal** six times
das **Mal: das dritte Mal** the third time
malen to paint
man *prn.* one (we, you, they, people)
manch, -e, -er, -es *prn.* many a; e; *pl.* some
manchmal *adv.* sometimes
der **Mann, ⁻er** man, husband
die **Mannschaft, -en** team
der **Mantel, ⁻** coat
das **Märchen, -** fairy tale
der **Märchenerzähler, -** narrator of fairy tales
die **Mark (DM)** German monetary unit
der **Markt, ⁻e** market, market place
die **Marktforschung, -en** consumer research
der **Marktplatz, ⁻e** market place
der **Maskenball, ⁻e** masked ball
das **Maß, -e** size, measurement
materielle *adj.* material
die **Mathematik** mathematics
medizinisch *adj.* medicinal
das **Meer, -e** sea, ocean
mehr *adv.* more, longer; **mehrere** *adj.* several
die **Meile, -n** mile
meinen to think, to be of the opinion
die **Meinung, -en** opinion, view
die **Meinungsumfrage, -n** opinion poll
meist *adj.* most
meistens *adv.* mostly
s. melden to answer, to identify oneself
die **Menge, -n** great number
der **Mensch, -en** human being, man, person
der **Menschenfresser, -** cannibal
der **Menschentyp, -en** type of person
die **Menschheit** mankind
menschlich *adj.* human
merkwürdig *adj.* strange, peculiar
messen (mißt), maß, gemessen to measure,
   to check
das **Metall, -e** metal

die **Methode, -n** method
der **Metzger, -** butcher
mieten to rent
die **Milch** milk
das **Milchgeschäft, -e** dairy store
militaristisch *adj.* militaristic
die **Milliarde -n** billion
das **Minarett, -s** minaret (mosque tower)
der **Minderjährige, -n** minor
mindestens *adv.* at least
die **Mineralheilquelle, -n** mineral medicinal springs
das **Ministerium,** *pl.* **Ministerien** ministry
das **Mischbrot, -e** rye bread
die **Mischung, -en** mixture
mit *prep.* with, by, at
mitbestimmen to co–determine
mitbringen, brachte mit, mitgebracht to bring along
das **Mitglied, -er** member
mithelfen (hilft mit), half mit, mitgeholfen to assist, help
der **Mitmensch, -en** fellow man
mitreden to join in a conversation
das **Mittagessen, -** lunch, noon meal
mittags *adv.* at noon
die **Mitte, -n** middle
das **Mittelalter** middle ages
das **Mitteleuropa** central Europe
mittelgroß *adj.* of medium height
das **Mittelmeer** Mediterranean Sea
die **Mittelschule, -n** lower grade secondary school
mitten *adv.* in the middle of
die **Mitternacht, ⁼e** midnight
mittler *adj.* medium
die **Mode, -n** fashion
das **Modegeschäft, -e** clothing store
das **Modell, -e** model
mögen (mag), mochte, gemocht to like, to wish; **ich möchte . . .** I would like . . .
möglich *adj.* possible, likely
die **Möglichkeit, -en** possibility
der **Monat, -e** month
der **Mond, -e** moon
das **Monument, -e** monument
die **Moral** morals
morgen *adv.* tomorrow
der **Morgen, -** morning
die **Morgenpause, -n** morning break
morgens *adv.* in the morning
morgenschön *adj.* beautiful as the morning
die **Moschee, -n** mosque
der **Motorenbau** construction of engines
die **Motorhaube, -n** hood (car)
das **Motorrad, ⁼er** motorcycle
das **Motto, -s** motto
die **Mücke, -n** fly; **aus einer Mücke einen Elefan-**

ten machen to make a mountain out of a molehill
müde *adj.* tired
der **Mund, ⁼er** mouth
münden to flow into
munter *adj.* lively
das **Museum,** *pl.* **Museen** museum
der **Musiker, -** musician
der **Muskel, -n** muscle
müssen (muß), mußte, gemußt to have to
der **Mut** courage
die **Mutter, ⁼** mother
das **Muttersein** being a mother
die **Muttersprache** mother tongue

nach *prep.* to, toward; *adv.* after, past, according to
der **Nachbar, -n** neighbor
nachdenken, dachte nach, nachgedacht to think about
nachher *adv.* afterwards
nachmittags *adv.* in the afternoon
die **Nachricht, -en** news
nachsehen (sieht nach), sah nach, nachgesehen to look up
die **Nacht, ⁼e** night
der **Nachteil, -e** disadvantage
nächtelang *adv.* for whole nights
der **Nachtisch, -e** dessert
das **Nachtlokal, -e** night club
nachts *adv.* at night
nächst *adj.* next
der **Nagel, ⁼** nail
nah(e) *adv.* near, close to **(näher, nächst)**
die **Nähe** vicinity
nähen to sew
das **Nahrungsmittel, -** foodstuff
nämlich *adv.* namely
die **Narrenzeit, -en** fools' time
die **Nase, -n** nose
das **Nationalgetränk, -e** national beverage
die **Nationalität, -en** nationality
das **Naturgebiet, -e** unspoiled nature areas
natürlich *adv.* naturally, of course; *adj.* natural
die **Naturwissenschaft, -en** natural science
der **Nebel** fog
neben *prep.* beside; *adv.* next to
der **Nebenfluß, ⁼sse** tributary
nehmen (nimmt), nahm, genommen to take
nennen, nannte, genannt to name
nett *adj.* neat, pretty, nice, cute
neu *adj.* new
neugierig *adj.* curious
nicht *adv.* not
der **Nichtraucher, -** nonsmoker
nichts *adv.* nothing
nie *adv.* never
die **Niederlande** *pl.* Netherlands

der **Niederländer, -** citizen of the Netherlands
niederschreiben, schrieb nieder, niederge-
schrieben to write down
niemals *adv.* never
niemand *prn.* nobody
nirgendwo *adv.* nowhere
der **Nobelpreisträger, -** Nobel prize winner
noch *adv.* still, yet; **noch einmal** once more;
noch nicht not yet
der **Norden** north
nördlich *adj.* northerly
die **Nordsee** North Sea
normalerweise *adv.* normally
das **Norwegen** Norway
die **Note, -n** grade
nüchtern *adj.* sober
die **Nudel, -n** noodle
numerus clausus number clause; it restricts the
number of students admitted to each field of
study at a university.
die **Nummer, -n** number
nun *adv.* now, then
nur *adv.* only
nutzbar *adj.* useful
nutzen to use

ob *conj.* whether
oben *adv.* above
der **Ober, -** waiter
das **Oberdeck** upper deck
die **Oberschule, -n** high school
obgleich *conj.* although
das **Obst** fruit
obwohl *conj.* although
oder *conj.* or
offen *adj.* open
öffentlich *adj.* public
öffnen to open
oft, öfters *adv.* often, frequently
ohne *prep.* without
das **Ohr, -en** ear
das **Öl** oil
der **Öllieferant, -en** oil supplier
der **Onkel, -** uncle
die **Oper, -n** opera
das **Orchester, -** orchestra
ordentlich *adj.* tidy, orderly
die **Ordnung, -en** order
die **Orgel, -n** organ
die **Orientierungsstufe** grades 5 and 6
der **Ort, -e** spot, place
der **Osterhase, -n** Easter bunny
Ostern *pl.* Easter
Österreich Austria
der **Österreicher, -** person from Austria
die **Ostsee** Baltic Sea

der **Palast, ̈e** palace
das **Papier, -e** paper

der **Paß, ̈sse** passport
der **Passagier, -e** passenger
passieren to happen
die **Pause, -n** intermission
persönlich *adj., adv.* personal(ly)
der **Pfannkuchen, -** pancake
der **Pfarrer, -** pastor
die **Pfarrgemeinde, -n** parish
der **Pfeffer** pepper
die **Pfeife, -n** pipe
pfeifen, pfiff, gepfiffen to whistle; **auf etwas pfei-**
fen not to give a hoot about
der **Pfennig, -e** penny
das **Pferd, -e** horse
Pfingsten *pl.* Whitsuntide, Pentecost
der **Pfirsich, -e** peach
die **Pflanze, -n** plant
die **Pflicht, -en** duty, obligation
das **Pfund, -e** pound
die **Physik** physics
der **Physiker, -** physicist
planen to plan
der **Platz, ̈e** place, square, grounds
plötzlich *adv.* suddenly
der **Politiker, -** politician
die **Polizei** police
der **Polizist, -en** policeman
die **Post** post office, mail
die **Praline, -n** chocolate candy
der **Preis, -e** price, prize
preiswert *adj.* cheap, reasonable
die **Presse, -n** press
probieren to try, to try out
das **Problem, -e** problem
das **Projekt, -e** project
der **Prospekt, -e** prospectus
das **Prozent** percent
die **Prüfung, -en** examination, test
das **Prüfungsresultat, -e** test result
der **Psychiater, -** psychiatrist
der **Pullover, -** slip-on sweater
der **Punkt, -e** point
pünktlich *adj., adv.* punctual(ly)
die **Puppe, -n** doll
putzen to clean

das **Quadrat, -e** square

das **Rad, ̈er** bicycle, wheel
der **Rasen, -** lawn
das **Rasenmähen** lawn-mowing
das **Rasierwasser, -** after-shave lotion
die **Rasse, -n** race
raten (rät), riet, geraten to advise
das **Rathaus, ̈er** city hall
das **Rätsel, -** riddle, puzzle
rauchen to smoke
der **Raum, ̈e** place, room

rd. (rund) *adj.* approximately, about
rechnen to calculate
recht *adj.* right, correct; *adv.* quite
das **Recht, -e** right, law
rechts *adv.* on the right, to the right
der **Rechtsanwalt, ⁻e** lawyer
die **Rede, -n** talk, speech
reden to speak
die **Regel, -n** rule
der **Regen** rain
der **Regenschirm, -e** umbrella
regnen to rain
reich *adj.* rich
das **Reich, -e** empire
der **Reichstag** imperial assembly, parliament
der **Reifen, -** tire
die **Reifenpanne, -n** flat tire
die **Reihe, -n** row, rotation, turn
rein *adj.* pure, clean
reinigen to clean
der **Reis** rice
die **Reise, -n** trip
der **Reiseagent, -en** travel agent
das **Reisebüro, -s** travel agency
das **Reisefieber** travel fever
die **Reiselust** desire to travel
reisen to travel
das **Reiseziel, -e** travel destination
reiten, ritt, ist geritten to ride (a horse)
die **Reklame, -n** advertisement
das **Rennfahren** racing (car)
der **Respekt** respect
restaurieren to restore
das **Resultat, -e** result
richtig *adj.* right, correct
riechen, roch, gerochen to smell
das **Rind, -er** beef
der **Rinderbraten, -** roast beef
der **Ritter, -** knight
der **Roggen** rye
roh *adj.* raw
das **Rokoko** rococo
die **Rolle, -n** role
die **Rollenverteilung, -en** division of roles
das **Rollschuhlaufen** roller skating
der **Roman, -e** novel
rosa *adj.* pink
rot *adj.* red
der **Rotkohl** red cabbage
der **Rucksack, ⁻e** knapsack
der **Ruf** reputation
rufen, rief, gerufen to call
die **Ruhe** quiet, peace, tranquility
ruhig *adj.* calm, quiet
rund *adj.* round
die **Runde, -n** round
die **Rüsche, -n** ruffle
der **Russe, -n** person from Russia

russisch *adj.* Russian
das **Rußland** Russia

die **Sache, -n** thing, affair
der **Safran** saffron
saftig *adj.* juicy, succulent
die **Sage, -n** saga
sagen to say, to tell
die **Sahnetorte, -n** cream pie/cake
der **Salat, -e** salad
das **Salz** salt
der **Sänger, -** singer
sauber *adj.* clean
sauer *adj.* sour
das **Schach** chess
die **Schachtel, -n** box; **eine alte Schachtel** an old bag
schaden to damage, to hurt
schaffen accomplish
der **Schaffner, -** conductor
der **Schall, ⁻e** sound
schalten to shift (gears)
scharf *adj.* sharp
der **Schatten, -** shade, shadow
der **Schatz, ⁻e** treasure
schauen to see, to view
das **Schauspiel, -e** play, drama
die **Scheibe, -n** window (pane)
der **Scheibenwischer, -** windshield wiper
die **Scheidung, -en** divorce
scheinen, schien, geschienen to appear, to shine
der **Scheinwerfer, -** headlight
scheitern to fail
schenken to give (a gift)
scheu *adj.* shy
der **Schi, -er** ski
das **Schifahren/Schilaufen** skiing
das **Schiff, -e** ship
der **Schiffer, -** boatsman
das **Schiffsunglück, -e** boat accident
das **Schild, -er** sign
der **Schilift, -e** ski lift
der **Schinken, -** ham
die **Schipiste, -n** ski run
schlafen (schläft), schlief, geschlafen to sleep
schläfrig *adj.* sleepy; *adv.* sleepily
der **Schlafsack, ⁻e** sleeping bag
der **Schlafwagen, -** sleeping car
schlagen (schlägt), schlug, geschlagen to hit, to beat
der **Schlager, -** popular tune
schlampig *adj.* untidy, sloppy
die **Schlange, -n** snake
schlank *adj.* slender, slim
schlecht *adj.* bad
Schleswig-Holstein a state of Germany
schließen, schloß, geschlossen to close

der **Schlittschuh, -e** ice skate
Schlittschuh laufen to ice-skate
das **Schloß, ̈sser** castle, palace, manor house
der **Schluck ̈e** sip, mouthful
der **Schlüssel, -** key
schmal *adj.* narrow
das **Schmalz** sentimentalism
schmecken to taste
schmollen pout, to sulk
schmutzig *adj.* dirty, shabby
der **Schnaps, ̈e** spirits, hard liquor
die **Schnauze, -n** mouth, snout (*animal*)
der **Schnee** snow
schneiden, schnitt, geschnitten to cut
der **Schneider, -** tailor
schneien to snow
schnell *adj.* fast, quick
der **Schnittlauch** chives
die **Schokolade, -n** chocolate
schon *adv.* already, yet; **schon immer** always
schön *adj.* beautiful, nice, pretty
die **Schönheit, -en** beauty
die **Schönheitskonkurrenz, -en** beauty contest
schöpferisch *adj.* creative
der **Schrei, -e** scream, shout; **der letzte Schrei** the latest fashion (fad)
schreiben, schrieb, geschrieben to write
schreien, schrie, geschrien to cry out, scream, yell
schriftlich *adj.* written
der **Schritt, -e** step
der **Schuh, -e** shoe
die **Schule, -n** school
das **Schulbuch, ̈er** school book
der **Schuldirektor, -en** principal
die **Schulentscheidung, -en** school decision
der **Schüler, -** pupil, student
die **Schülermitbestimmung, -en** student participation
die **Schülervertretung, -en** student council
der **Schultanz, ̈e** school dance
die **Schulverwaltung, -en** school administration
die **Schulter, -n** shoulder
schunkeln to rock, sway
schütteln to shake
schützen to protect
die **Schutzhüttenbroschüre, -n** protective shelter pamphlet
Schwabing a section of Munich
schwäbisch *adj.* Swabian
schwach *adj.* weak
die **Schwäche, -n** weakness
schwarz *adj.* black
das **Schwarzbrot, -e** rye bread
schwarzhaarig *adj.* black-haired
der **Schwarzwald** Black Forest
schwatzen to gossip
das **Schwein, -e** pig; **Schweinhaben** to be lucky

das **Schweinefleisch** pork
die **Schweiz** Switzerland
der **Schweizer, -** person from Switzerland
schweizerisch *adj.* Swiss
schwer *adj.* difficult, hard; heavy; **schwer fallen** to be difficult; **schwer verletzt** seriously wounded **3 Pfund schwer** weighing 3 pounds
die **Schwester, -n** sister, nurse, nun
die **Schwiegermutter, ̈** mother-in-law
schwierig *adj.* difficult, hard
die **Schwierigkeit, -en** difficulty
schwimmen, schwamm, geschwommen to swim
das **Schwimmbad, ̈er, das Schwimmbecken,** swimming pool
schwungvoll *adj.* full of enthusiasm, spirited
sechst *adj.* sixth
der **See, -n** lake
die **See, -n** sea, ocean
die **Seeleute** *pl.* seamen
segeln to sail
sehen (sieht) sah, gesehen to see, regard; **nach etwas sehen** to look for something
die **Sehenswürdigkeit, -en** object of interest; *pl.* sights
sehr *adv.* very; **sehr gern** very much
sei *subj. of* **sein** would be; **Gott sei Dank!** Thank God!
die **Seide, -n** silk
die **Seife, -n** soap
seit *prep.* since, for
die **Seite, -n** page, side, aspect
die **Seitenstraße, -n** side street
der **Sekretär, -e** secretary, clerk
der **Sekt** champagne
selbst *prn.* self, even; **ich selbst** I myself
das **Selbstgefühl, -e** self-assurance
der **Selbstmord, -e** suicide
selbständig *adj.* independent
die **Selbständigkeit, -en** independence
selbstverständlich *adj.* self-evident; obvious
selten *adv.* seldom, rarely
die **Seltenheit, -en** rarity, scarceness
die **Semmel, -n** roll
senden, sandte, gesandt to send
der **Sender, -** channel (radio, TV)
die **Sendung, -en** broadcast
der **Senf, -e** mustard
sensibel *adj.* sensitive
s. setzen to sit down
die **Sicherheit, -en** security
sicherlich *adv.* surely
singen, sang, gesungen to sing
der **Sinn** mind
sitzen, saß, gesessen to sit
so *adv.* so, such, thus; *conj.* therefore, then; **zweimal so viel** twice as much; **so . . . wie** as . . . as; **so gern** so much

sobald *conj.* as soon as
sofort *adv.* immediately
sogar *adv.* even
solch, -e, -er, -es *prn.* such
der **Soldat, -en** soldier
sollen (soll), sollte, gesollt shall, ought, should
die **Sommerferien** *pl.* summer vacation
der **Sommermonat, -e** summer month
sondern *conj.* but
die **Sonne, -n** sun
das **Sonnenkalb, ¨er** sun calf
der **Sonntagnachmittag, -e** Sunday afternoon
sonntags *adv.* on Sunday, Sundays
sonst *adv.* otherwise
die **Sorge, -n** worry, anxiety, distress
sorgen to take care
die **Sorgfalt, -en** care
die **Sorte, -n** kind
sowie *conj.* like, as
die **Sozialkunde** social studies
sozusagen *adv.* so to speak
Spanien Spain
der **Spanier, -** Spaniard
spanisch *adj.* Spanish
die **Spannung, -en** tension
sparen to save
sparsam *adj.* frugal, thrifty
spaßig *adj.* funny
spät *adj.* late
spazieren to take a walk; **spazierengehen** to go for a walk
die **Speisekarte, -n** menu
der **Speiseplan, ¨e** meal schedule
der **Sperling, -e** sparrow
das **Spezialgeschäft, -e** specialty store
die **Spezialität, -en** specialty
spielen to play
die **Spielbank, -en** casino
der **Spieler, -** player
der **Spielplatz, ¨e** playground
die **Spielwaren** *pl.* toys
das **Spielzeug, -e** toy
spinnen to spin; *fig.* to be crazy
spionieren to spy
die **Spirituosen** *pl.* spirits
spontan *adj.* spontaneous, automatic
die **Sportart, -en** kind of sport
der **Sportler, -** sportsman, athlete
sportlich *adj.* sporty
der **Sportplatz, ¨e** athletic field
der **Sportwettkampf, ¨e** sporting contest
die **Sprache, -n** language
sprechen (spricht), sprach, gesprochen über to speak, to talk (about)
die **Sprotte, -n** sprat; **Kieler Sprotten** smoked sprats
die **Spülmaschine, -n** dishwasher

der **Staat, -en** state, government; *pl.* the States, America
staatlich *adj.* national
die **Stadt, ¨e** city, town
der **Stadtbewohner, -** city inhabitant
der **Stadtbummel, -** stroll through the city
die **Stadtkarte, -n, der Stadtplan, ¨e** city map
der **Stadtpark, -s** municipal park
die **Stadtrundfahrt, -en** city tour
der **Stadtteil, -e** section of a city, borough
der **Stahl** steel
der **Stamm, ¨e** trunk (tree)
stark *adj.* strong **(stärker, stärkst)**
der **Staub** dust
die **Stauung, -en** traffic jam
stechen (sticht), stach, gestochen to prick, to sting
stecken to put
stehen, stand, gestanden to stand, to be; **wie steht es mit . . . ?** what about the . . . ?
steif *adj.* stiff
steigen, stieg, ist gestiegen to climb
der **Stein, -e** stone
der **Steinbock, ¨e** *astr.* Capricorn
die **Stelle, -n** job, place
stellen to put; **auf den Kopf stellen** to turn upside down
die **Stellung, -en** position
der **Stereotyp, -en** stereotype
der **Stern, -e** star
die **Steuer, -n** tax
das **Steuer, -** steering wheel
der **Steuerbügel, -** steering bar
steuern to steer
der **Stier, -e** bull; *astr.* Taurus
still *adj.* quiet
stillen to satisfy, to nurse
die **Stimme, -n** voice
stimmen to be correct; **das stimmt nicht** that's not right
die **Stimmung, -en** mood
das **Stinktier, -e** skunk
der **Stock, ¨e** stick, cane
stören to inconvenience, to bother
die **Stoßstange, -n** bumper
die **Strafe, -n** fine, punishment
der **Strafzettel, -** citation, ticket
der **Strand, ¨e** beach
die **Straße, -n** street, road
die **Straßenbahn, -en** street car
der **Strauß, ¨e** bouquet
streben to strive
der **Streik, -s** strike
streiten, stritt, gestritten to quarrel, to fight
streng *adj.* strict
der **Strich, -e** line, stroke; **es geht mir gegen den Strich** it goes against my grain (nature)
der **Strom, ¨e** stream, current; **es regnet in**

Strömen its raining cats and dogs

der **Stromanschluß, ⸚sse** electrical current connection

der **Strumpf, ⸚e** stocking

die **Studentenbude, -n** pad

das **Studentenheim, -e** dormitory

der **Studienanfänger, -** students who are beginning their studies at a university

die **Stunde, -n** hour

stundenlang *adv.* for hours

der **Stundenplan, ⸚e** schedule

die **Suche, -n** search

suchen (nach) to look for

der **Südländer, -** inhabitant of the South

südlich *adj.* south, southern

südöstlich *adj.* southeast

die **Südseite, -n** south side

der **Sylvesterabend** New Year's Eve

sympathisch *adj.* likable, congenial

die **Tablette, -n** pill

das **Tachometer, -** speedometer

das **Tafelwasser** table (mineral) water

der **Tafelwein, -e** table wine

der **Tag, -e** day; **den ganzen Tag** all day long

tagelang *adv.* for days

täglich *adj.* daily

tanken to fill up (car)

die **Tankstelle, -n** gas station

die **Tanne, -n** fir tree

der **Tanz, ⸚e** dance

tanzen to dance

das **Tanzlokal, -e** dancing hall

tapfer *adj.* brave

die **Tasche, -n** pocket, handbag

das **Taschengeld** allowance

die **Taube, -n** dove, pigeon

tauchen to dive

tauschen to exchange

die **Taxe, -n** tax

die **Technik** technical science

der **Techniker, -** technician

technisch *adj.* technical

der **Teelöffel, -** tea spoon

der **Teil, -e** part, share

teilen to divide, to share

teilnehmen (nimmt teil), nahm teil, teilgenommen to take part, to participate

der **Teilnehmer, -** participant

die **Teilung, -en** division

das **Telefongespräch, -e** telephone conversation

temperamentvoll *adj.* lively

die **Terrasse, -n** terrace

teuer *adj.* expensive

das **Thema,** *pl.* **Themen** theme, topic

die **Theologie** theology

die **Theorie, -n** theory

tief *adj.* deep

das **Tier, -e** animal

der **Tierarzt, ⸚e** veterinarian

das **Tierkreiszeichen, -** Zodiac sign

tierlieb *adj.* animal loving

der **Tisch, -e** table

der **Tod** death

tödlich *adj.* fatal

das **Tor, -e** gate

der **Tote, -n** dead person

der **Tourismus** tourism

tragen (trägt), trug, getragen to carry, to wear, to bear

trampen to hitchhike

der **Traum, ⸚e** dream

träumen to dream

traurig *adj.* sad

(s.) treffen (trifft), traf, getroffen to meet

treiben, trieb, getrieben to go in for **(sport)**

treten (tritt), trat, ist getreten to step

treu *adj.* faithful

die **Trickfigur, -en** cartoon

trinken, trank, getrunken to drink

die **Trockenbeerenauslese, -n** wine made from special grapes

die **Trommel, -n** drum

das **Trommelfell, -e** ear drum

die **Trompete, -n** trumpet

der **Tropfen, -** drop

trotz *prep.* in spite of

trotzdem *adv.* nevertheless, anyway

der **Trubel** bustle

der **Trupp, -en** troop

der **Truthahn, ⸚e** turkey

die **Tschechoslowakei** Czechoslovakia

der **Tscheche, -n** Czech person

tschechisch *adj.* Czech

tüchtig *adj.* efficient

tun, tat, getan to do; **es tut mir gut** it is good for me; **es tut mir leid** I'm sorry; **es tut mir weh** it hurts me

die **Tür, -en** door

der **Turm, ⸚e** tower; der **Kirchturm** steeple

turnen to do gymnastics

der **Typ, -en** type

üben to practice

über *prep.* about, over, across

überall *adv.* everywhere

überfüllt *adj.* overcrowded

übergehen, ging über, ist übergegangen to change

überhaupt *adv.* at all, anyway

überholen to pass

das **Überholverbot, -e** passing restriction

überlaufen (läuft über), lief über, ist übergelaufen to run over, to bother

der **Überlebende, -n** survivor

übermorgen *adv.* day after tomorrow

übernachten to stay overnight

übernehmen (übernimmt), übernahm, übernommen to take over

überraschen to surprise

die Überraschung, -en surprise

überreden to persuade, to talk into

übertragen (überträgt), übertrug, übertragen to transmit

überwachen to supervise, to watch over

überwiegen, überwog, überwogen to prevail

überwinden, überwandte, überwunden to conquer, to get over

überwintern to winter

die Übung, -en exercise

die Uhr, -en clock; wieviel Uhr ist es? what time is it?; um 11 Uhr at 11 o'clock um wieviel Uhr? at what time?

um prep. around, about; um . . . zu in order to

umarmen to hug, to embrace

umbringen, brachte um, umgebracht to kill

umfassen to enclose, to comprise, to embrace

die Umfrage, -n poll

die Umgebung, -en surroundings, environment

die Umleitung, -en detour

umrunden to go around

umwechseln to change

die Umwelt environment

der Umweltschutz protection of the environment

die Umweltverschmutzung pollution of the environment

unangenehm adj. unpleasant

unbedeutsam adj. insignificant

unbedingt adj. definitely

die Unbequemlichkeit, -en inconvenience

unehrlich adj. dishonest

unerforscht adj. unexplored

der Unfall, ⁻e accident

ungebildet adj. uneducated

ungefähr adv. about, around

ungepflegt adj. untidy

ungeschickt adj. clumsy, awkward

ungezwungen adj. informal

unglaublich adj. incredible

unglücklich adj. unhappy

unkompliziert adj. uncomplicated

unmittelbar adj. direct, immediate

unmöglich adj. impossible

unordentlich adj. untidy, disorderly

unpraktisch adj. impractical

unsichtbar adj. invisible

unter prep. under, beneath, below, among

unterbrechen (unterbricht), unterbrach, unterbrochen to interrupt

s. unterhalten (unterhält), unterhielt, unterhalten to enjoy oneself, to have a good time

das Unterhemd, -en undershirt

der Unterricht instruction, lessons

unterrichten to instruct, to teach

das Unterrichtsmittel, - means of instruction

unterscheiden, unterschied, unterschieden to differentiate

der Unterschied, -e difference

unterstützen to support

die Unterwürfigkeit, -en subservience

unverwüstlich adj. indestructible

unwichtig adj. unimportant

unzufrieden adj. dissatisfied

der Urheber, - founder

der Urlaub, - vacation; Urlaub machen to vacation; auf Urlaub on vacation; im Urlaub during vacation

der Urlauber, - vacationer

usw. (und so weiter) and so on

der Vater, ⁻ father

die Verabredung, -en appointment

verändern to change

veranstalten to arrange, organize, to hold

verbessern to improve

s. verbeugen to bow

verbieten, verbot, verboten to prohibit

verbinden, verband, verbunden to combine

die Verbindung, -en connection

das Verbot, -e restriction

verboten adj. prohibited

verbrauchen to use up

der Verbrecher, - criminal

verbrennen, verbrannte, verbrannt to burn

verbringen, verbrachte, verbracht to spend (time)

das Verdeck, -e top; here: top of convertible car

verdienen to earn

verdoppeln to double

verdrängen to suppress

verdunsten to evaporate

verdursten to die of thirst

verfallen adj. dilapidated

vergessen (vergißt), vergaß, vergessen to forget

der Vergleich, -e comparison

vergleichen, verglich, verglichen to compare

das Vergnügen, - pleasure, joy

die Vergnügungsmöglichkeit, -en possibility for entertainment

das Verhältnis, -se relation, situation, condition

verhandeln to discuss, to negotiate

verheiraten to marry, to get married

verheiratet adj. married

verhindern to prevent

der Verkauf, ⁻e sale; zum Verkauf for sale

verkaufen to sell

der Verkäufer, - salesman

der Verkehr traffic

die Verkehrsampel, -n traffic light

die Verkehrsmittel pl. means of transportation

das Verkehrsnetz, -e transportation network

die **Verkehrsverbindung, -en** transportation connection
das **Verkehrszeichen, -** traffic sign
verlangen to demand
verlängern to lengthen
verlassen (verläßt), verließ, verlassen to leave
s. **verlassen auf** to depend on
verletzt adj. injured
verliebt adv. in love
verlieren, verlor, verloren to lose
die **Verlobungsfeier** engagement party
vermitteln to arrange
der **Vermittler, -** agent
das **Vermögen, -** property, fortune
vermutlich adj. probable
verrückt adj. crazy
versagen to fail
verschieden adj. different, various
verschlingen, verschlang, verschlungen to devour
verschlucken to swallow
verschmutzen to dirty, to pollute
verschönern to beautify
verschreiben (medicine) to prescribe
verschwenderisch adj. wasteful, extravagant
verschwinden, verschwand, ist verschwunden to disappear
versorgen to supply
verspotten to ridicule
der **Verstand** understanding, mind
verstecken to hide
verstehen, verstand, verstanden to understand, to know; **verstehen von** to know about
der **Versuch, -e** attempt
versuchen to try, to attempt
vertragen (verträgt), vertrug, vertragen to endure, to hold (liquor)
vertreten (vertritt), vertrat, vertreten to represent
die **Vertretung, -en** representation
der **Vertriebsingenieur, -e** market engineer
verunglücken to have an accident
verursachen to cause
verwalten to administer
verwandeln to change, to transform
der **Verwandte, -n** relative
verwitwet adj. widowed
verziert adj. decorated
viel adv. much, a lot of
viele adj. many
vielleicht adv. perhaps, maybe
vielseitig adj. many-sided, all-around
viert adj. fourth
das **Viertel, -** quarter
der **Vogel, -** bird
das **Volk, -er** people
die **Volkshochschule** school for continuing education

vollkommen adj. complete
das **Vollkornbrot, -e** whole grain bread
die **Vollpension** room including all three meals
von prep. from, of, about, by
vor prep. before, of, in front of; **vor zehn Jahren** ten years ago
vorbei adv. over, past
s. **vorbereiten** to prepare oneself
die **Vorbereitung, -en** preparation
das **Vorbild, -er** model, pattern
die **Vorfahrt, -en** right of way
vorher adv. beforehand
vorhistorisch adj. prehistoric
vorig adj. former, last
vorkommen, kam vor, ist vorgekommen to seem, to happen
vorn prep. in front
der **Vorname, -n** first name
vorschreiben, schrieb vor, vorgeschrieben to prescribe, to order
die **Vorsicht** caution, attention
vorsichtig adj. cautious
der **Vorsitzende, -n** chairman
s. **vorstellen** to imagine
der **Vorteil, -e** advantage
der **Vortrag, -e** lecture
das **Vorurteil, -e** prejudice

die **Waage, -n** scale, astr. Libra
wachsen (wächst), wuchs, ist gewachsen to grow
der **Wagen, -** car
wählen to choose, to vote
wahr adj. true; **nicht wahr haben wollen** not to admit something
die **Wahrheit, -en** truth
während prep. during; conj. while
wahrscheinlich adj. probable; adv. probably
das **Wahrzeichen, -** landmark
der **Wald, -er** forest
der **Walzer, -** walz
wandern to hike
der **Wanderweg, -e** hiking path, trail
wann conj. when
wär subj. of **sein** would be, were
warmherzig adj. warm hearted
warten to wait
warum adv. why
was prn. what
waschen (wäscht), wusch, gewaschen to wash
der **Wäschetrockner, -** clothes dryer
das **Waschmittel, -** detergent
der **Wassermann** astr. Aquarius
wasserschilaufen (läuft Wasserschi), lief Wasserschi, ist Wasserschi gelaufen to water ski
der **Wassersport** water sport(s)
die **Wassersportmöglichkeit, -en** water sport possibilities

der **Wasserstoff** hydrogen
das **Wattestäbchen, -** cotton swab
das **WC** (water closet) restroom
der **Wechselkurs, -e** rate of exchange
wechseln to change, to exchange
weder . . . noch *conj.* neither . . . nor
der **Weg, -e** way, path
weg *adv.* away
wegfahren (fährt weg), fuhr weg, ist weggefahren to drive away
weglaufen (läuft weg), lief weg, ist weggelaufen to run away
weh: weh tun to hurt
das **Weh** grief
die **Wehen** *pl.* labor pains
s. wehren to resist, to defend oneself
das **Weib, -er** woman
weiblich *adj.* female, womanly, feminine
weich *adj.* soft
weichgekocht *adj.* soft-boiled
(die) **Weihnachten** *pl.* Christmas
das **Weihnachtsgeschenk, -e** Christmas gift
weil *conj.* because, since
der **Wein, -e** wine
das **Weinbaugebiet, -e** wine-growing region
weinen to cry
die **Weinhandlung, -en** wine merchant's shop
der **Weinmarkt, -e** wine festival
der **Weinstock, -e** grape vine
weiß *adj.* white
das **Weißbrot, -e** white bread
die **Weißwurst, -e** Bavarian (white) sausage
weit *adj.* far, large, wide, far away
weiterführen, weitermachen to continue
der **Weizen** wheat
welch, -e, -er, -es *prn.* which, what
die **Welle, -n** wave
das **Wellenreiten** surfing
die **Welt, -en** world
das **Weltall** universe
die **Weltanschauung, -en** world outlook
weltbekannt *adj.* world-renowned
der **Weltkrieg, -e** world war
der **Weltraum** space
die **Weltraumforschung, -en** space research
die **Weltstadt, -e** metropolis
wenig *adj.* little; **wenige** few, some
wenigstens *adv.* at least
wenn *conj.* if, when
wer *prn.* who; **wer immer** whoever
die **Werbesendung, -en** commercial
die **Werbung, en** advertising
werden (wird), wurde, ist geworden to become
das **Werk, -e** factory, plant
wert *adj.* worth, valuable
wertvoll *adj.* valuable
wesentlich *adv.* essentially
weswegen *conj.* why

das **Wetter** weather
die **Wettervorhersage, -n** weather report
wichtig *adj.* important
der **Widder, -** *astr.* Aries
wie *adv.* how; *conj.* like
wieder *adv.* again; **immer wieder** again and again
wiegen, wog, gewogen to weigh
Wien Vienna
wieviel *adv.* how much
das **Wild** venison
die **Windschutzscheibe, -n** windshield
das **Windverhältnis, -se** wind condition
wirken to work
wirklich *adj., adv.* real(ly)
die **Wirtschaft, -en** economy
wissen (weiß), wußte, gewußt to know
der **Wissenschaftler, -** scientist
die **Witwe, -n** widow
wo *adv.* where, in which
die **Woche, -n** week
die **Wochenendschulung, -en** weekend instruction
wofür *prn.* what for? for what?
wohin *adv.* where (to)?
wohl *adv.* well, indeed
das **Wohl** well-being; **zum Wohl!** to your health! (toast)
wohnen to live
das **Wohnheim, -e** dormitory
der **Wohnort, -e** place of residence
die **Wohnung, -en** apartment
der **Wolkenkratzer, -** sky scraper
wollen (will), wollte, gewollt to want to
woraus *adv.* (out) of what? out of which
das **Wort, -e** word
das **Wörterbuch, -er** dictionary
worüber *prn.* about what
das **Wunder, -** miracle
wunderbar *adj.* wonderful
wünschen to wish
würden *subj. of* **werden** would
die **Wurst, -e** sausage, luncheon meat; **das ist mir Wurst** it's all the same to me
die **Wüste, -n** desert
das **Wüstengebiet, -e** desert area

zahlen to pay
zählen to count
der **Zahn, -e** tooth
der **Zahnarzt, -ärzte** dentist
zart *adj.* tender
zärtlich *adj.* tender
der **Zaun, -e** fence
z. B. (zum Beispiel) for example
die **Zehe, -n** toe
das **Zeichen, -** sign
der **Zeichentrickfilm, -e** animated cartoon film
zeigen to show

die **Zeit, -en** time
das **Zeitalter, -** age, era
die **Zeitschrift, -en** magazine
die **Zeitung, -en** newspaper
die **Zeitungsanzeige, -n** newspaper ad
das **Zelt, -e** tent
die **Zentrale, -n** headquarters
das **Zentrum,** *pl.* **Zentren** center
zeremoniell *adj.* ceremonial
zerreißen, zerriß, zerrissen to tear apart
zerschmettern to smash
das **Zeugnis, -se** report card
ziehen, zog, gezogen to pull
das **Ziel, -e** goal
ziemlich *adv.* rather, quite
der **Zigeuner, -** gypsy
das **Zimmer, -** room
der **Zimt** cinnamon
das **Zitat, -e** quotation
der **Zitronensaft, -̈e** lemon juice
zittern to shake
der **Zoll** customs
zu *prep.* to, at, for; *adv.* too
der **Zucker** sugar
zudrücken to close, to shut (eyes)
zuerst *adv.* first
die **Zufahrt, -en** approach
zufrieden *adj.* satisfied
die **Zufriedenheit, -en** satisfaction

der **Zug, -̈e** train
der **Zugang, -̈e** access
die **Zukunft** future
der **Zukunftsforscher, -** person who researches the future
zumachen to close, to shut
zunehmen (nimmt zu), nahm zu, zugenommen to increase
die **Zunge, -n** tongue
zurechtmachen to make up
zurück *adv.* back
zurückhalten (hält zurück), hielt zurück, zurückgehalten to hold back
zurückkehren, kehrte zurück, ist zurückgekehrt to return
zurückkommen, kam zurück, ist zurückgekommen to come back, return
zusammen *adv.* together
der **Zuschauer, -** spectator
zuschlagen (schlägt zu), schlug zu, zugeschlagen to slam
zuschließen, schloß zu, zugeschlossen to lock
zuverlässig *adj.* dependable
zwar *adv.* indeed; **und zwar** namely, that is
zweitgrößt *adj.* second largest
der **Zwiebelturm, -̈e** onion tower
der **Zwilling, -e** twin; *astr.* Gemini
zwischen *prep.* between
zwischendurch *adv.* in between

ANSWER KEY
to Selected Exercises

CHAPTER 1: Reading Passage
1b; 2a; 3b; 4a; 5c; 6c; 7a; 8b; 9b; 10a.

CHAPTER 3: Exercise B
1c; 2b; 3a; 4a; 5c; 6a; 7c; 8a; 9b; 10c; 11b; 12c; 13c; 14a; 15c.

CHAPTER 6: Exercise B
Metzger: die Grundschule, die Hauptschule oder die Gesamtschule, die Berufsschule und die Lehre.
Lehrer(in): die Grundschule, das Gymnasium oder die Gesamtschule und das Gymnasium, die Universität oder die Hochschule.
Feuerwehrmann: die Grundschule, die Hauptschule oder die Gesamtschule, die Berufsschule und die Lehre.
Rechtsanwalt(-in): die Grundschule, das Gymnasium, oder die Gesamtschule und das Gymnasium, die Universität.
Postbeamte(r): die Grundschule, die Realschule oder die Gesamtschule, die Berufsschule und die Lehre.
Sekretär(in): die Grundschule, die Realschule oder die Gesamtschule, die Berufsschule und die Lehre.
Ingenieur: die Grundschule, das Gymnasium oder die Gesamtschule und das Gymnasium, die Universität oder die Hochschule.
Bankangestellte(r): die Grundschule, die Realschule oder die Gesamtschule, die Berufsschule und die Lehre.
Automechaniker(in): die Grundschule, die Hauptschule oder die Gesamtschule, die Berufsschule und die Lehre.
Kaufmann: die Grundschule, die Realschule oder die Gesamtschule, die Berufsschule und die Lehre.

CHAPTER 10: Exercise H
1b; 2c; 3f; 4g; 5a; 6i; 7k; 8h; 9d; 10l; 11m; 12n; 13e; 14o; 15j; 16s; 17q; 18r; 19t; 20p.

CHAPTER 10: Exercise I
1c; 2b; 3a; 4c; 5b; 6b; 7a; 8c.

CHAPTER 14: Exercise G
1. richtig; 2. falsch; 3. falsch; 4. richtig; 5. richtig; 6. richtig; 7. richtig; 8. richtig; 9. falsch; 10. richtig.

CHAPTER 17: Exercise C
1b (usually the individual who invites pays the bill; the next best possibility under the circumstances is 1d); 2d; 3c; 4a; 5c; 6c.

CHAPTER 17: Exercise D
1e; 2c; 3f; 4g; 5d; 6c; 7e; 8e; 9k; 10e; 11h; 12g; 13e; 14b; 15h; 16n.

CHAPTER 17: Exercise E
1. Kuchenteller, Untertasse, Tasse, Kaffeelöffel und Kuchengabel.
2. Suppenteller, Teller, Salatteller, Weinglas, Dessertteller oder–Schüsselchen, Suppenlöffel, Messer, Gabel und Kaffeelöffel.
3. Teller und Glas.
4. 2 Teller, Brotteller, Weinglas, Sektglas, 2 Gabeln, 2 Messer, 1 Dessertteller mit Messer zum Obstschälen.

CHAPTER 17: Exercise F
1b; 2c; 3c; 4a; 5a; 6b.

CREDITS

We gratefully acknowledge the following sources for providing us with inspiration and information:

Chapter 2: *Die Zeit,* Nr. 35, 29. Aug. 1980; *Die Zeit,* Nr. 31, 1. Aug. 1980; *Die Zeit,* Nr. 19, 9. Mai 1980; *Scala Jugend Magazin,* Nr. 5–6, 1979; *Bild am Sonntag,* 8, Juni 1980; *Scala Jugend Magazin,* Nr. 3, 1980.

Chapter 4: *Scala Jugend Magazin,* Nr. 4, August 1980; *Scala,* Nr. 1, 1981; *Deutschland-Nachrichten,* Nr. 47, 19. Nov. 1980 (German Information Center); *Time,* July 28, 1980.

Chapter 5: *Scala Jugend Magazin,* Nr. 3, May 1976; *Scala Jugend Magazin,* Nr. 4, July 1976; *Rundschau,* Vol. 6, No. 1, January 1976; *Sport in the Federal Republic of Germany,* Inter Nationes, Bonn–Bad Godesberg, Druckhaus Rudolf Müller, Cologne, 1976.

Chapter 6: *Scala Jugend Magazin,* Nr. 3, Juni 1980; *Scala Jugend Magazin,* Nr. 5, Oktober 1980; *Die Zeit,* Nr. 44, 31. Oktober 1980; *Meet Germany* (Hamburg: Atlantik Brücke, 1976).

Chapter 7: *Scala,* Nr. 3, Juni 1980; *Die Zeit,* Nr. 16, 18. April 1980.

Chapter 9: *Scala Jugend Magazin,* Nr. 5, Sept. 1976. *Scala Jugend Magazin,* Nr. 2, 1979; *Das Parlament,* Nr. 43, 25. Okt. 1980; *Die Welt,* 29, Nov. 1980; *Scala,* Nr. 1, 1981.

Chapter 10: *Scala,* Nr. 9, 1976; *These Strange German Ways,* Atlantik Brücke e.V., Seehafen Verlag, Hamburg-Altona, 12th ed., Feb. 1977.

Chapter 11: *Scala Jugend Magazin,* Nr. 4. Juli 1976.

Chapter 12: Marriage ads taken from *Die Zeit, Volksblatt,* and *Münchner Merkur.*

Chapter 13: *Scala Jugend Magazin,* Nr. 5, September 1976.

Chapter 14: *Scala Jugend Magazin,* Nr. 2, März 1976. *Scala Jugend Magazin,* Nr. 3, Juni 1980.

Chapter 15: *Scala,* Nr. 11, 1975; *Scala,* Nr. 1, 1976; *Mainz Magazin,* Dez. 1975; *German Holidays and Folk Customs,* Dieter Kramer, Hamburg Atlantik Brücke, Seehafen Verlag, Hamburg-Altona.

Chapter 17: Dietmar Trifels, *Guter Ton heute* (Köln: Buch und Zeit Verlagsgesellschaft mbH, 1974); Joachim Wachtel, *Gutes Benehmen—kein Problem!* München: Humboldt Taschenbuchverlag Jacobi KG, 1977).

Chapter 19: *Lübecker Nachrichten,* 26.6. 1975; *Münchner Merkur,* 31.3. 1976; *Welt am Sonntag,* 15.6. 1975; *Frankfurter Neue Presse,* 7.7. 1975; 6.12. 1975; 6.2. 1975; *Welt der Arbeit,* 8.11. 1974; *Kölner Stadt-Anzeiger,* 9. 7. 1975; *Bremer Nachrichten,* 16.1. 1976; *Frankfurter Allgemeine Zeitung,* 17.7. 1975; *Hamburger Abendblatt,* 6.1. 1975; 17.2. 1976.

Chapter 21: *Scala Jugend Magazin,* Nr. 5, 1979; *Scala Jugend Magazin,* Nr. 9, 1980; *Berlin-kurzgefaßt* (Berlin: Presse- und Informationsamt des Landes Berlin, 1974).